208の国と地域がわかる国際理解地図 DOOR ③アフリカ

● この本の使い方

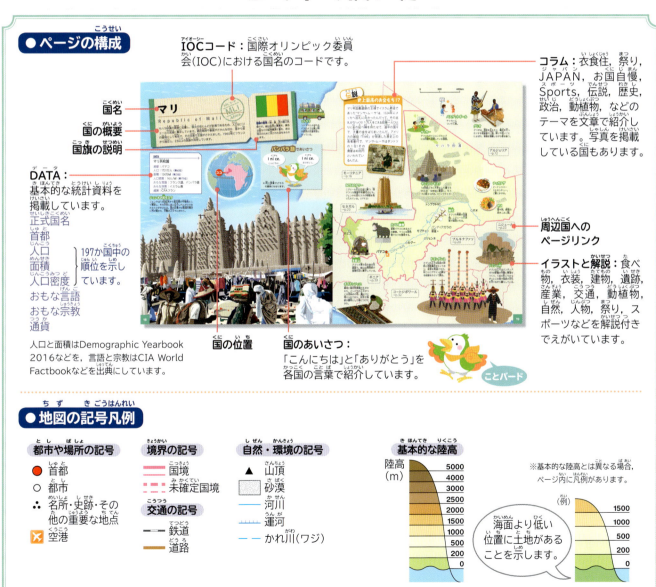

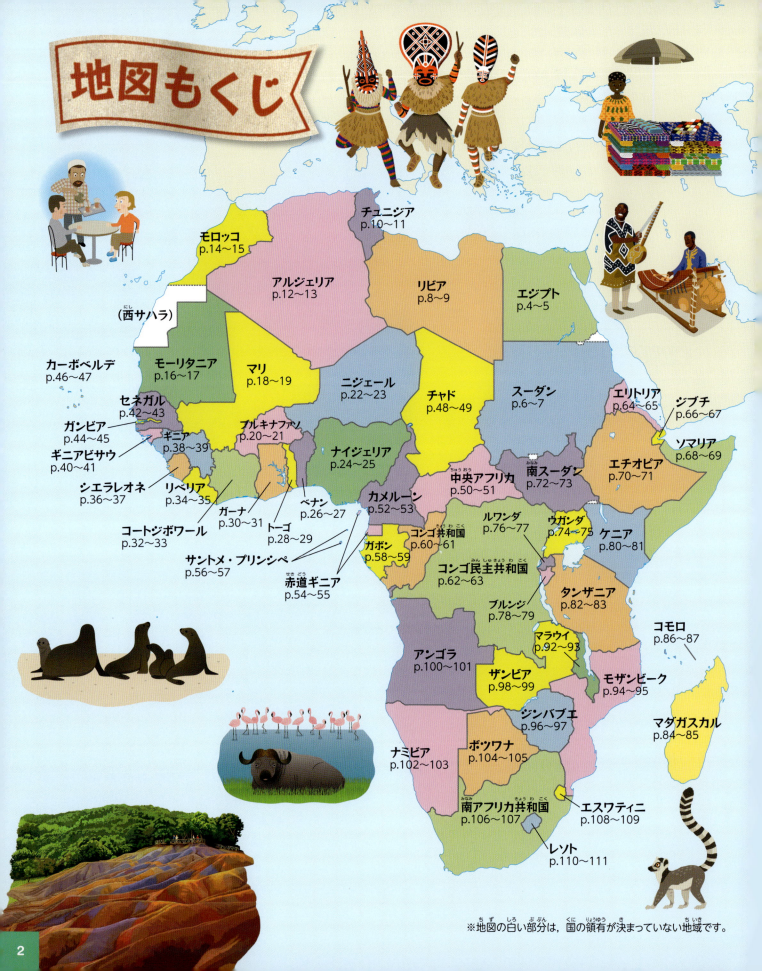

もくじ アフリカ

この本の使い方	p.1
もくじ	p.2〜3
エジプト	p.4〜5
スーダン	p.6〜7
リビア	p.8〜9
チュニジア	p.10〜11
アルジェリア	p.12〜13
モロッコ	p.14〜15
モーリタニア	p.16〜17
マリ	p.18〜19
ブルキナファソ	p.20〜21
ニジェール	p.22〜23
ナイジェリア	p.24〜25
ベナン	p.26〜27
トーゴ	p.28〜29
ガーナ	p.30〜31
コートジボワール	p.32〜33
リベリア	p.34〜35
シエラレオネ	p.36〜37
ギニア	p.38〜39
ギニアビサウ	p.40〜41
セネガル	p.42〜43
ガンビア	p.44〜45
カーボベルデ	p.46〜47
チャド	p.48〜49
中央アフリカ	p.50〜51
カメルーン	p.52〜53
赤道ギニア	p.54〜55
サントメ・プリンシペ	p.56〜57
ガボン	p.58〜59
コンゴ共和国	p.60〜61
コンゴ民主共和国	p.62〜63
エリトリア	p.64〜65
ジブチ	p.66〜67
ソマリア	p.68〜69
エチオピア	p.70〜71
南スーダン	p.72〜73
ウガンダ	p.74〜75
ルワンダ	p.76〜77
ブルンジ	p.78〜79
ケニア	p.80〜81
タンザニア	p.82〜83
マダガスカル	p.84〜85
コモロ	p.86〜87
セーシェル	p.88〜89
モーリシャス	p.90〜91
マラウイ	p.92〜93
モザンビーク	p.94〜95
ジンバブエ	p.96〜97
ザンビア	p.98〜99
アンゴラ	p.100〜101
ナミビア	p.102〜103
ボツワナ	p.104〜105
南アフリカ共和国	p.106〜107
エスワティニ	p.108〜109
レソト	p.110〜111
DOORのカギ	p.112〜113
特集 おもな世界自然遺産！	p.114〜115
世界の国々	p.116〜117
さくいん	p.118〜119
奥付	p.120

セーシェル
p.88〜89

モーリシャス
p.90〜91

○アフリカの民族について○ 例えば「マサイ族」といった表現が一般的に使われますが,「族」はときに差別的な意味あいをもつといわれることがあり,本書では「マサイの人々」あるいは単に「マサイ」といった表記をとっています。

エジプト

Arab Republic of Egypt

IOCコード **EGY** Africa

国土のほとんどが砂漠ですが、ナイル川流域には豊かな土地が広がり、古代の文明の一つが栄えたことから「エジプトはナイルのたまもの」といわれています。今でも多くの遺跡があり、観光業がさかんです。また、スエズ運河の通行料も観光業と同じくらい大きな収入源となっています。

国旗の説明：赤・白・黒の3色の中央に自由と独立を意味する鷲の国章があります。赤は革命を、白は無血革命に成功したことを、黒は革命前の暗黒の時代の終わりとナイル川の恵みを象徴しています。

陸高(m)

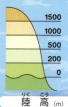

バレーボール
アフリカの選手権で何回も優勝している強豪国。

DATA
エジプト・アラブ共和国
- 首都：カイロ
- 人口：9102万人（第15位）
- 面積：100.2万km²（第29位）
- 人口密度：91人/km²（第91位）
- おもな言語：アラビア語、フランス語、英語
- おもな宗教：イスラム教、キリスト教
- 通貨：エジプト・ポンド

サッカー
国内の人気は高く、アフリカの強豪国。

伝説 ピラミッドって何だ!?

世界の七不思議ともいわれるピラミッド！実はエジプトに約140もあるんだって。ギーザの三大ピラミッドの一つ、クフ王のピラミッドは一つ約2.5トンの巨石を約270万個積みあげていて、これが5000年ほど前に建てられたなんて信じられないよね！だれがどのくらいの時間をかけて何のためにつくったかも詳しくはわかっていなくて、宇宙人がつくったのでは!?なんて考えもあるんだよ。

ココ

リビア →p.8

スフィンクスとピラミッド
スフィンクスはライオンの体と人間の顔をもち、ピラミッドを守るように座っている。うしろに見えるのはギーザの三大ピラミッドの一つ、カフラー王のピラミッドで、王をたたえる墓として建てられたといわれる。

スーダン

SUD Africa

The Republic of the Sudan

ナイル川の中流に位置する国で，北部は砂漠，中・南部はサバナや湿潤地帯が広がり農業や牧畜がさかんです。1956年に独立しましたが，南北の対立が激しくなり，2011年に南部が南スーダンとして独立しました。紛争のイメージが強い国ですが，国民のあたたかいもてなしが特徴的な国です。

国旗の説明：赤は革命と進歩を，白は平和と希望を，黒は「黒い土地」を意味する国名を，緑の三角形はイスラム教をあらわしている。

サッカー
夕方になるといたるところでボールをけり始める。

DATA

スーダン共和国

- 首都：ハルツーム
- 人口：3964万人（第34位）
- 面積：184.7万km²（第15位）
- 人口密度：21人/km²（第160位）
- おもな言語：アラビア語，英語
- おもな宗教：イスラム教，キリスト教，伝統的信仰
- 通貨：スーダン・ポンド

アラビア語であいさつ

アッサラーム アレイコム
السلام عليكم.
こんにちは。

ショクラン
شكرا.
ありがとう。

メロエ島の古代遺跡群
ナイル川沿いにエジプトの影響を受け栄えた古代クシュ王国（紀元前9〜後4世紀）の遺跡の一つ。エジプトよりとんがっていてほっそりとしたピラミッド群が残る。

リビア
Libya

世界有数の産油国で，広い国土をもっていますが，ほとんどが砂漠で，地中海沿岸部に人口が集中しています。約2700年前にフェニキア人が都市をつくり，約2200年前にはローマ帝国が支配したため，現在でもその遺跡が観光名所です。2011年の内戦以降，現在にいたるまでたびたび衝突が起こっています。

国旗の説明：赤は力，黒はイスラムの戦い，緑は緑の地へのあこがれ，白い三日月と星はイスラム教をあらわしています。2011年の政権交代で王政時代のデザインに戻りました。

フットサル
町中に屋外フットサルコートがいくつもあり，庶民が気軽に楽しむ。アフリカでも強豪国。

DATA
リビア
- 首都：トリポリ
- 人口：616万人（第108位）
- 面積：167.6万km²（第16位）
- 人口密度：4人/km²（第188位）
- おもな言語：アラビア語，アマジグ（ベルベル）語，イタリア語，英語
- おもな宗教：イスラム教
- 通貨：リビア・ディナール

衣食住：女性を守る！ガダーミスのルール

ガダーミス旧市街の家々を見ていると…なんか変な形？実は屋根が女性用の通路になっていて，女性は屋根をつたって近所の家を自由に訪ねることができるんだって！一方，男性はきちんと道路を歩き，扉をノックして家に入らなくてはならないそうだよ。昔から，道路は知らない人もいる危ない場所とされていて，女性を守るルールが徹底されているんだね。

オンマルマオアシス
水の母という意味の塩水湖で，サハラ砂漠で最も大きいオアシスの一つ。塩分濃度は死海と同じくらい高いので，浮力が大きく人は沈まず浮いてしまう。（アウバーリー）

サブラータ遺跡
約2500年前にフェニキア人がつくった交易都市の遺跡。円形劇場は今でもコンサートなどに使われている。

レプティスマグナ遺跡
1920年に発掘されたローマ都市遺跡。1000年も砂漠のなかに埋もれていたので、保存状態が良く、浴場や闘技場など当時の人々の高度な生活がわかる。

イタリア ②ヨーロッパ
マルタ ②ヨーロッパ
ギリシャ ②ヨーロッパ

陸高(m)

地中海

チュニジア →p.10

サブラータ遺跡
トリポリ
レプティスマグナ遺跡
フムス
クサールハッジのカスル
ベンガジ
トゥブルク

リビアヤマネコ
世界中で飼育されている家ネコの祖先といわれる。

ガダーミス
アジュダービヤー
リビア高地

クサールハッジのカスル
カスルは、リビア国内に点在する日干しれんがでつくられた円形貯蔵庫。なかでもクサールハッジは美しく、13世紀にイスラム教徒によって建てられたとされる。

石油
アフリカ第1位の産出量をほこる。

シャクシュカ
トマトソースやラム肉が入ったスクランブルエッグで、朝食によく食べられる。リビアは世界一トマトを食べる国といわれる。

エジプト →p.4

アルジェリア →p.12

ガダーミスの家
ガダーミスでは伝統的に、家の室内を女性が美しくかざり、男性はその美しさを見て結婚相手を判断する。

アウバーリー

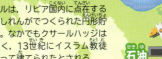
ショルバ
ショートパスタ入りの牛肉とトマトのスープ。前菜に食べられる。

ラムクスクス
ラム肉と7種の野菜(じゃがいも,たまねぎ,ひよこ豆,カボチャ,ズッキーニ,まる大根,そら豆)をクスクスといっしょに煮こんだ料理。

リビア砂漠

∴アカクス山塊
ガート

サハラ砂漠

砂漠ボード
スノーボードのように砂丘をすべり下りる砂漠ボードは観光客に人気。

アカクス山塊
砂漠のなかに突然あらわれる奇岩が見どころ。1万年以上も前に人類がえがいた岩絵も残されている。

サッカー
政権交代前は国が力を入れていた。現在は弱くなっているが、代表選などは熱狂する。

ガゼル
国の代表的な動物で、美の象徴とされる。

チャド →p.48

スーダン →p.6

アラビア語であいさつ

アッサラーム アライクム
السلام عليكم.
こんにちは。

シュクラン
شكرا.
ありがとう。

トゥアレグの踊り
トゥアレグはサハラ砂漠西部に住む遊牧民で、ガダーミスでは戦いを表現した踊りを披露している。

0 200 400km

チュニジア

Republic of Tunisia

イタリアのシチリア島に近く，古くから重要な交易地でした。地中海沿岸はリゾート地として人気があり，また内陸部でも砂漠を利用した観光がさかんです。1956年にフランスから独立しました。2011年には独裁政権に対する革命がおこり，「アラブの春」として周辺国へ影響を与えました。

国旗の説明：オスマン帝国の赤と白の旗をモチーフにつくられました。赤地の中心に太陽をあらわす白い円がえがかれ，イスラム教の象徴である三日月と星がデザインされています。

サッカー
国技で，アフリカ内でも強豪国。

DATA

チュニジア共和国

- 首都：チュニス
- 人口：1129万人（第77位）
- 面積：16.3万km²（第91位）
- 人口密度：69人/km²（第111位）
- おもな言語：アラビア語，フランス語，アマジグ（ベルベル）語
- おもな宗教：イスラム教
- 通貨：チュニジア・ディナール

歴史
繁栄をきわめたカルタゴ！

今から約2800年前，フェニキア人たちがカルタゴに都市をつくったんだ。彼らは地中海の貿易を独占していたから，どんどん勢力を強めて，アフリカの地中海沿岸部やスペインのあるイベリア半島まで支配を広げたそうだよ！のちにローマ帝国と戦争をしてほろぼされてしまったんだけど，今でもそのあと地には遺跡が残っているんだ。

シディ・ブ・サイド
白い壁にチュニジアン・ブルーのドアや窓枠が映える町なみが美しく，ヨーロッパの人々が訪れるリゾート地となっている。

イタリア
②ヨーロッパ

チュニスのドア
メディナとよばれる道が複雑に入り組んだチュニス旧市街には、個性的なドアがあちこちで見られる。

チュニス ● シディ・ブ・サイド
カルタゴ

ナブールの陶器
あざやかな色と美しいデザインが特徴。愛知県瀬戸市と姉妹都市。

ドゥッガ ○　ナブール

ハリッサ
香辛料をベースにスパイス、にんにく、オリーブ油などを加えてつくる万能調味料。

マハディアビーチ
フランスの植民地時代よりビーチリゾートが開発され、今でもヨーロッパからたくさんの観光客がおしよせる。

スース ○

ブリック
半熟卵とパセリ、ツナなどを詰めた大きな春巻き。

オリーブとオリーブ油
世界有数の生産量をほこり、さまざまな料理に使われる。

▲1544
シャンビ山

::マハディアビーチ
::エルジェムの円形闘技場

地中海

スファクス ○

クスクス
先住民ベルベル（アマジグ）の伝統料理。小麦からつくられるつぶ状の主食で、ソースといっしょに煮こんだ肉や野菜をのせる。

エルジェムの円形闘技場
ローマのコロッセウムに匹敵する巨大な円形闘技場で、ローマ時代にオリーブ油の輸出で得た収益でつくられた。

ガフサ ○

ベルベル（アマジグ）の家
北アフリカの先住民であるベルベルは、地面に巨大な穴を掘り、その側面にさらに穴をあけて住居とした。7世紀以降に侵略してきたアラブ人から身を守るためだったといわれる。（マトマタ）

ガベス ○　ジェルバ島

ジェリード湖

○マトマタ

アルジェリア
→p.12

○ドゥーズ

○タタウィン

砂漠ツアー
モーターハングライダーに乗って砂漠を見おろすアクティビティが人気。（ドゥーズ）

クサール・ウレド・スルタン
不思議な形の建物は土でできた食材の貯蔵庫で、城塞の役割も果たした。（タタウィン）

サハラフェスティバル
砂漠の遊牧民の祭典。トゥアレグのダンスや競馬、ラクダレースなどが行われる。（ドゥーズ）

リビア
→p.8

アラビア語であいさつ

アッサラーム アライクム
السلام عليكم.
こんにちは。

シュクラン
شكرا.
ありがとう。

0　80　160km

11

アルジェリア

People's Democratic Republic of Algeria

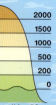

アフリカ最大の面積をもつ国で、国土のほとんどをしめる砂漠からは石油や天然ガスが産出されます。地中海に面した北部では農業がさかんで、南部ではなつめやしが栽培されます。オスマン帝国に支配されたのちフランス領となり、独立戦争を経て1962年に独立しました。多民族・多文化が特徴的な国です。

国旗の説明:三日月と星のマークはイスラムの象徴で、緑は繁栄と発展、白は平和、赤は独立戦争での犠牲者をあらわしています。独立戦争を行っていたときの旗をベースにつくられました。

陸高(m)

DATA

アルジェリア民主人民共和国

- 首都:アルジェ
- 人口:4083万人（第33位）
- 面積:238万km²（第10位）
- 人口密度:17人/km²（第168位）
- おもな言語:アラビア語,アマジグ(ベルベル)語,フランス語
- おもな宗教:イスラム教
- 通貨:アルジェリア・ディナール

女性だけの楽器イムザード

国内南部を自由に移動する遊牧民トゥアレグ。そんなトゥアレグの娯楽の一つに、女性だけが奏でられるイムザードという楽器があるんだ！弦が1本しかない楽器で、あぐらを組んでひざの上におき、木製の弓を使って歌いながら演奏するんだって。砂漠のなかでの音楽なんてロマンチックだね。

ガルダイアの町なみ

丘の上のモスクをとりまくように建物がひしめきあう。ふもとには市場があり、ハイクとよばれるアルジェリアの白い伝統衣装を着た女性が目につく。

アラビア語であいさつ

アッサラーム アライクム
السلام عليكم.
こんにちは。

シュクラン
شكرا.
ありがとう。

スペイン ②ヨーロッパ

アルジェのカスバ
アルジェ旧市街の一部で、丘の斜面に石畳の細い道と階段が迷路のように入りこみ、謎めいた風情をかもしだしている。

地中海

アルジェ ✈

アナバ ○
ジェミラ ∴
○ コンスタンティーヌ

ジェミラ
保存状態のよいローマ都市遺跡。円形劇場や神殿、大浴場、公共トイレなどのあとが残っており、当時の人々の文化的な豊かさが伝わる。

チュニジア →p.10

○ オラン
アトラス山脈
ティムガッド ∴
テベサ ○
○ ビスクラ

なつめやし
なつめやしの種類は300以上といわれ、ビスクラでは最もおいしいとされるデーツ(実)がとれる。

ガルダイア ○
石油
アフリカ第2位の産油国。

コンスタンティーヌの町なみ
「つり橋の町」とよばれる、渓谷沿いの岩の上に築かれた紀元前3世紀ごろからの要塞都市。

モロッコ →p.14

○ ティンドゥーフ

天然ガス
アフリカ第2位の埋蔵量。

ティミムーン

オリエンタル砂漠

タッシリナジェール
1万2千年前にえがかれた象やカバなどの壁画が残っており、サハラ砂漠が緑豊かな大地であったことが示されている。なかでも「セファールの白い巨人」とよばれる3mある人の絵が有名。

リビア →p.8

サッカー
国民のサッカーへの熱狂ぶりは世界でも有名で、「1・2・3ビバ・アルジェリ！」と応援する。

ティミムーン
イスラムの聖者の墓が点在する、砂漠のなかのオアシス都市。建造物が赤い土でつくられているため町全体が赤く「赤いオアシス」とよばれる。

インサラー ○
サハラ砂漠

タッシリナジェール
アハガル高原
タハト山 ▲2918
○ タマンラセット
ジャネット ○

モーリタニア →p.16

温泉
国内に240か所以上の温泉があり、日本と同じように温泉の旅が楽しめる。

マリ →p.18

スビーバ祭り
砂漠の遊牧民トゥアレグの平和を祝う祭り。オアシス都市ジャネットに集まり、それぞれの氏族※に伝わる歌や踊りを披露しあう。

ショルバ
すりつぶした野菜と羊肉などを入れたスープ。

クスクス
北アフリカ発祥で、小麦からつくるつぶ状の主食。アルジェリアでは、肉とさまざまな野菜を煮こんだトマトスープをかけて食べる。国民食。

ニジェール →p.22

フェネック
サハラ砂漠などに生息する、長さ15cmほどのとがった耳をもつキツネの仲間。深い穴を掘り、昼の暑さや夜の寒さをしのぐ。

0　　250　　500km

※氏族とは血のつながりをもとにした集団です。

モロッコ

Kingdom of Morocco

IOCコード **MAR** Africa

大西洋と地中海に面し、中央にはアトラス山脈がはしっており、農業・漁業・鉱業などがさかんです。イスラム教の国として栄えたのち、フランスの植民地となり、1956年に独立しました。西サハラは現地住民による政府が領有権を主張していますが、モロッコが実効支配しています。

国旗の説明：赤は17世紀から続くモロッコ王家の伝統の色、中央の星は古くから幸運のしるしとされており、緑はイスラム教をあらわします。

サッカー
男の子は小さいころから、空き地でボールをけっている。アフリカの強豪国。

DATA

モロッコ王国
- 首都：ラバト
- 人口：3448万人※（第39位）
- 面積：44.6万km²※（第56位）
- 人口密度：77人/km²（第101位）
- おもな言語：アラビア語、アマジグ（ベルベル）語、フランス語、スペイン語
- おもな宗教：イスラム教
- 通貨：モロッコ・ディルハム

※西サハラは除く。

グナワ音楽祭
中央・西アフリカを起源とした、「聞くとトランス状態になる」といわれる音楽で、祭りには世界中から人が集まる。イラストはカルカベという鉄製の打楽器。

マラケシュのフナ広場
旧市街の中心にあり、バブーシュ（モロッコの伝統的なはきもの）の店などがところせましと軒を並べる。赤い衣装を着た水売りや、コブラ使いなどの大道芸人が目をひく。

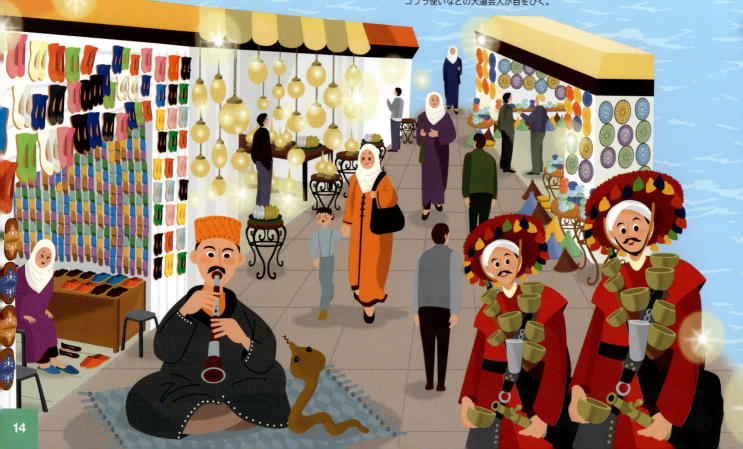

アラビア語であいさつ

アッサラーム アライクム
السلام عليكم.
こんにちは。

シュクラン
شكرا.
ありがとう。

ポルトガル ②ヨーロッパ

スペイン ②ヨーロッパ

ゴルフ
サッカーより歴史が古く、国民に愛されているスポーツ。

ハッサン2世モスク
世界で一番高い200mのミナレット（塔）をもつ、国内最大級のモスク。礼拝堂には2万5千人、敷地には8万人を収容できる。（カサブランカ）

ジブラルタル海峡
タンジール
スペインの飛地
テトゥワン
地中海

大西洋

ラバト メクネス フェス

カサブランカ

ダマスクスローズウォーター
「バラの女王」といわれるダマスクスローズからつくられるバラの水で、美容に良い。（バラの谷）

リン鉱山
リン鉱石の埋蔵量は世界一。

アヤシ山 3737

エッサウィラ
16世紀にポルトガル人が築いた城壁に囲まれた港町。白い壁に青いドアや窓枠のある町なみが美しい。

エッサウィラ

マラケシ
トゥブカル山 4167
バラの谷
ワルザザート

アトラス山脈

サハラ砂漠

リヤド
中庭のある古い邸宅を改装した宿。美しいタイルや噴水が見どころ。フェスやマラケシが有名。

アガディル

なめし皮染色工場
まるい染色つぼがつらなる作業場で、中世のころと同様に手作業で皮の染めつけを行う。（フェス）

モロッカンサラダ
四角く切ったトマト、たまねぎ、キュウリをオリーブ油とハーブなどであえたサラダ。

アルジェリア →p.12

ラーユーン

ハリラ
ラマダン（断食）明けに飲む野菜や豆などが入った栄養満点のスープ。

ヤギのなる木
アルガンツリーにヤギが登って実や葉を食べる光景からヤギのなる木とよばれる。アルガンオイルは美容に良いとされ世界中で人気。（エッサウィラ，アガディル）

ミントティー
フレッシュミントの葉と砂糖をたっぷり入れた紅茶で、国民的な飲み物。

タコ
西アフリカ沖はタコがよくとれ、日本に多く輸出している。

タジン
「鍋」の意味で、とんがった土鍋に肉と野菜、香辛料を入れ、蒸して煮たもの。日常的に食べる。

モーリタニア →p.16

バロウド
ファンタジアというショーで行われる伝統的な馬術で、一列に馬を走らせ、全員でタイミングを合わせて銃（バロウド）をはなつ。

ダクラ

（西サハラ）

オリーブ
世界有数のオリーブの産地。

衣食住

迷宮都市！フェス！

フェス旧市街を観光をしよう！…と思ったら、道がくねくねしていて全くわからない…。実は「世界一の迷宮都市」とよばれているんだって！789年にベルベル（アマジグ）人の王都となってから、芸術や学問の中心地として繁栄したそうだよ。敵の侵入を防ぐために坂や路地、階段が入り組んでいて、今でも車じゃなくてロバやラバが使われているんだ。

0 150 300km

15

モーリタニア
Islamic Republic of Mauritania

南部のセネガル川沿いなどを除いて，国土の90％以上がサハラ砂漠で，平坦な土地が広がります。アラブ系とアフリカ系の人々がおり，遊牧民はサハラ砂漠を移動しながら生活しています。牧畜や漁業がさかんなほか，鉄鉱石も経済を支えます。1960年にフランスから独立しました。

国旗の説明：三日月と星はイスラム教のシンボルで，緑はイスラム教を，黄はサハラ砂漠の砂を，赤はフランスからの独立のために流された国民の血をあらわします。

サッカー
最もさかんなスポーツで，男女問わず楽しんでいる。

DATA
モーリタニア・イスラム共和国
- 首都：ヌアクショット
- 人口：378万人（第127位）
- 面積：103.1万㎢（第28位）
- 人口密度：4人/㎢（第188位）
- おもな言語：アラビア語，プラー語，ソニンケ語，ウォロフ語，フランス語
- おもな宗教：イスラム教
- 通貨：ウギア

JAPAN 日本人が伝えたタコ漁
スーパーに行ってタコの産地を見てみると…モーリタニア産がたくさん！実は漁業指導に行った日本人がモーリタニアで良質なタコがとれることに気づいたんだ！はじめモーリタニアの人たちはタコを気味悪がっていたんだけど，説得してタコツボ漁を伝授したんだって。日本への輸出によって，収入があがり，人々の生活もよくなったんだ！

モーリタニア鉄道
ズエラトからヌアディブへ鉄鉱石を運ぶ貨物鉄道。230両の貨車をつないでいるため，長さは約3kmにおよび，世界最長。

ワダンの古いクスール
1147年につくられた都市で，地中海からサハラをこえてくるキャラバンの拠点となった。丘の斜面には独特な古い町なみ（クスール）のあとが残されている。

モロッコ →p.14

サバクトビバッタの大群
モーリタニアからアラビア半島にかけて大量発生し，農作物へ深刻な被害をもたらす。

アルジェリア →p.12

ベルベル（アマジグ）の砂占い
ベルベルの女性が砂を投げてできた形で占う。（ワダン）

西サハラ

メシュイ
メシュイは「グリルする」という意味で，仔羊などの丸焼き。祝いごとのときに食べられる。

デーツ
アタル周辺ではなつめやしが栽培され，収穫祭では毎日たらふくデーツ（実）を食べる。

○ズエラト

鉄鉱山
ズエラト周辺で採掘され，主要輸出品となっている。

遊牧民
サハラ砂漠の遊牧民ベルベル（アマジグ）は，ラクダなど家畜とともに移動しながらテント生活をする。

バンダルギン国立公園
約700万羽の渡り鳥が飛来し，約300万羽がこの地で越冬する。クロアジサシ，オオフラミンゴ，モモイロペリカンなどが見られる。

●ヌアディブー
ヌアディブー岬

大西洋
タコ

÷バンダルギン国立公園
○アタル ○シンゲティ

モーリタニア鉄道

○ワダン

サ ハ ラ 砂 漠

サウディモスク
ヌアクショットのシンボルとなる建物で，高くそびえる2本のミナレット（塔）は町のどこにいても見ることができる。

ワラータの家
アラビア半島のイエメンの影響を受けたといわれる独自のアラベスク模様をほどこした伝統的な家。（ワラータ）

○ワラータ

●ヌアクショット

漁船
日本のスーパーで売られるタコはモーリタニア産が多い。（ヌアクショット）

○ロッソ ○キッファ
○カエディ

セネガル →p.42

セネガル川

マリ →p.18

アラビア語であいさつ

アッサラーム アライクム
السلام عليكم.
こんにちは。

シュクラン
شكرا.
ありがとう。

お茶を飲む人
中国茶をミントや砂糖と煮つめて3杯飲むのが一般的。「1杯目は人生のようになめらかに，2杯目は愛のようにマイルドに，3杯目は死のように苦く」とよく表現される。

クスクス
クスクスは小麦粉にオリーブ油を加えて小さいつぶ状につくられ，各家庭で料理される。肉や野菜のスープをかけて食べる。

0　　200　　400km

17

マリ
Republic of Mali

IOCコード **MLI** Africa

サハラ砂漠の南側に位置し，国土のほとんどが砂漠であるため，人口はニジェール川流域に集中しています。綿花栽培や畜産がさかんなほか，昔から金の産地として有名で，その交易で王国がさかえました。1960年にフランスから独立し，23以上の民族が共存しています。

国旗の説明：緑・黄・赤の縦三色旗です。緑は自然と農業を，黄色は金などの鉱物資源と富を，赤は独立のために流された血をあらわします。

ソトラマ
ソトラマとよばれるバスのような乗り物が庶民の交通手段となっている。

DATA
マリ共和国
首都：バマコ
人口：1731万人（第62位）
面積：124万km²（第23位）
人口密度：14人/km²（第175位）
おもな言語：フランス語，バンバラ語
おもな宗教：イスラム教
通貨：CFAフラン

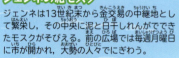

バンバラ語であいさつ
イニチェ **I ni ce.** こんにちは。
イニチェ **I ni ce.** ありがとう。
※同じ言葉でどちらの意味にもなります。

ジェンネの泥モスク
ジェンネは13世紀末から金交易の中継地として繁栄し，その中央に泥と日干しれんがでできたモスクがそびえる。前の広場では毎週月曜日に市が開かれ，大勢の人々でにぎわう。

ブルキナファソ

Burkina Faso

現地の言葉で，国名のブルキナは「高潔な人々」，ファソは「国」を意味し，伝統を守り，正直さを大切にする国民性です。ボルタ川の上流に位置する内陸国で，国土のほとんどが高原で乾燥しており，農業や畜産がさかんです。1960年にフランスから独立しました。

国旗の説明：1984年に「オートボルタ」から「ブルキナファソ」に国名を変更したときに制定。赤は独立革命で流された血を，緑は農林業と富を，黄色の星は鉱物資源と希望をあらわしています。

サッカー

1998年のアフリカカップでは，トルシエ（元日本代表監督）が当時弱小のブルキナファソ代表監督となって4位を獲得し，サッカー熱が高まった。

DATA
ブルキナファソ
- 首都：ワガドゥグー
- 人口：1845万人（第60位）
- 面積：27.3万㎞²（第73位）
- 人口密度：68人/㎞²（第114位）
- おもな言語：フランス語，モシ語，ディウラ語，グルマンチェ語
- おもな宗教：イスラム教，キリスト教
- 通貨：CFAフラン

モシ語であいさつ
- Ne y windiga! こんにちは。
- Barka. ありがとう。

マスクフェスティバル
デドゥグで2年に1度開かれる祭りで，伝統的な仮面文化をもつ民族が国内外から集まる。牛や猿など動物の仮面や，葉や布でできた仮面をつけ，太鼓や笛に合わせて夜通し踊り続ける。

ワガドゥグー国際工芸見本市
2年に1度開催され、アフリカの約30か国が参加する。ブロンズ製品や木彫りのマスク、置物、編みかごなどの工芸品が多数出展される。

焼き鳥
町のあちこちで鶏などの串焼きを売っている人を見かける。

オクラのソース
オクラやバオバブの葉などでつくったソースに、トをつけて食べる。

ト
ミル（ひえ）やとうもろこしの粉を練ってつくられた主食で、ソースをつけて食べる。ソースは地域によって異なる。

シアバターづくり
シアバターの木の実の種をたたいて粉にし、鍋で煮てペースト状にし、バターを取り出す。食用のほか、石けんや美容クリームなどに使われる。

金鉱山
ドリ周辺に国内で最も大きい金鉱山がある。金は最大の輸出品。

ワガドゥグー大聖堂
伝統的な泥れんが「アドベ」を使用しており、ヨーロッパ風のデザインが特徴的なカトリック教会。

バイクに乗る人々

バイクは庶民の足となっており、「高潔な人々の国」という国名のとおり、整然と道路を走っている。

| マリ →p.18 |
| ニジェール →p.22 |

○ドリ
○デドゥグ
●ワガドゥグー
○クドゥグー
黒ボルタ川
白ボルタ川

綿花
綿花畑は西部に広がり、収穫時にはあちこちに真っ白な綿の山ができる。

バオバブ
根は薬になり、葉はソース、実は果実として食用になり、皮は家などに使われる。人々の生活に欠かせない木。

ボボデュラッソ○
ピク・ドゥ・サンドゥー・・
○バンフォラ
○ティエベレ

ボボデュラッソのグランドモスク
泥でつくった壁を白くぬってできたモスクで、修理のときに登るため、外壁にたくさんの木の杭がささっている。

カセナの幾何学模様の住居
カセナの人々の泥れんがの住居は、女性が色つきの泥や白いチョークで壁に幾何学模様をえがく。入り口は猛獣が入れないよう、わずか60cmぐらいの高さしかない。（ティエベレ）

| トーゴ →p.28 |
| ベナン →p.26 |

衣食住 純国産のファッション！

綿花栽培がさかんなブルキナファソには、独自の生地「ファソダンファニ」があるんだ。機械ではなく手作業で織られたファソダンファニは、伝統的な民族衣装はもちろん、スーツなどの洋服にも使うよう推奨されているんだって！今の大統領もつねに身につけているそうだよ。

| コートジボワール →p.32 |

ピク・ドゥ・サンドゥー
奇妙な形をした大きな岩が並び立っており、ハイキングで大自然を味わえる。

バラフォーン（木琴）
木琴はアフリカが起源。西アフリカ諸国で使われている木琴は弓形で、下側に共鳴用のひょうたんが取りつけてある。

| ガーナ →p.30 |

0 100 200km

ニジェール
Republic of Niger

IOCコード NIG Africa

国名はニジェール川に由来し、南西部は川の恵みで潤っていますが、国土の3分の2が砂漠です。農業・牧畜がさかんで、世界有数のウラン鉱も経済を支えています。1960年にフランスから独立しましたが、クーデターや民族の武装蜂起などがあいつぎ、現在も政治・経済ともに不安定な状況です。

国旗の説明：オレンジは北部のサハラ砂漠を、白はサバナ地域と平和を、緑はニジェール川沿いの農地と繁栄を、中央のオレンジの円はすべての恵みをもたらす太陽をあらわしています。

サッカー
子供から大人までサッカーを楽しんでいる。

DATA
ニジェール共和国
- 首都：ニアメ
- 人口：2067万人（第58位）日本の約4倍！
- 面積：126.7万km²（第21位）
- 人口密度：16人/km²（第171位）
- おもな言語：フランス語、ハウサ語
- おもな宗教：イスラム教
- 通貨：CFAフラン

祭り
美男子の祭典！ゲレウォール

日ごろ各地に散らばっているウォダベの人々は、9月にティギダンテスム周辺に集まり、「最も美しい男」を選ぶ祭り、「ゲレウォール」を開くんだ！審査員は若い女性二人。背が高く細身で、筋肉質の体型が美男子の条件！衣装やメイクはもちろん、白い歯や白目も美の象徴とされていて、口や目を大きく開けてアピールするんだって！この祭典でカップルになる人もいるそうだよ。

ウォダベのゲレウォール
砂漠の遊牧民であるウォダベは、9月になると家畜に塩分をとらせるためにティギダンテスム周辺に集まる。

マサ
ミルや米粉でつくったお焼き。焼いている人は民族衣装ブーブーを着ている。

アルジェリア
→p.12

シンカファンダウケ
ササゲという豆で炊く赤飯に、たまねぎのオイルや唐辛子をかけて食べる。

キリン
牛肉を干して唐辛子などで味つけするビーフジャーキー。おやつのように食べられる。

トゥアレグのティーセレモニー
遊牧民のトゥアレグは緑茶に砂糖をたっぷり入れて飲む。砂漠では貴重なビタミンCをとれる。

リビア
→p.8

ニジェール相撲
国内最大のスポーツイベントで、開会式の日は休日となる。日本の相撲とは異なり土俵がなく、手のひらと足の裏以外が砂についたら負け。

マリ
→p.18

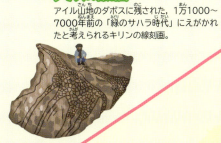
ダボスの線刻画
アイル山地のダボスに残された、1万1000～7000年前の「緑のサハラ時代」にえがかれたと考えられるキリンの線刻画。

テネレ砂漠
サハラ砂漠のなかで最も美しいといわれるテネレ砂漠を塩のキャラバンが通る。

テネレ砂漠

ビルマ砂漠

ウラン鉱山
ウランは原子炉用の燃料となる。日本も輸入している。

○アーリット
タムガク山 ▲1988
ダボスの線刻画
アイル山地
ティギダンテスムの塩田
○アガデス

ティギダンテスムの塩田
小さな村ティギダンテスムでは昔から、塩を含む泥や井戸の水から手作業で塩をつくり続けている。掘られた穴はカラフルで美しい。

ニジェールサウルス
草食の恐竜で、幅広い口と500本の歯で地面の植物を根こそぎ食べていたと考えられている。化石をもとにした想像図。

グランドモスク
モスクに付随するミナレッド（塔）は、泥でつくられ壁に棒が打ちつけられた独特な景観。棒は壁のぬりなおしのときに足場となる。（アガデス）

チャド
→p.48

カバ
ニジェール河畔の村ブボンでは、季節によってカバが見られる。

ニジェール川
ニアメ
ブボン✈ クレ

○タウア

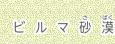
ミル（とうじんびえ）
ニジェールの主要農産物。

○サンデール

ブルキナファソ
→p.20

ベナン
→p.26

ニジェール川
アフリカで3番目に長い川。移動には「ピロッグ」とよばれる木の船が古くから利用されている。（ブボン）

キリン
クレには、世界で最も美しいといわれる稀少種のキリンが生息している。

ナイジェリア
→p.24

ハウサ語であいさつ

サンヌ
Sannu.
こんにちは。

ナゴーデ
Na gode.
ありがとう。

0　200　400km

ナイジェリア

IOCコード **NGR** Africa

Federal Republic of Nigeria

アフリカで最も人口の多い国で，250以上の民族がそれぞれの言語や文化をもっています。アフリカ最大の産油国であり，国内総生産（GDP）もアフリカーの経済大国です。1960年にイギリスから独立しましたが，たび重なる政権交代やテロの影響で治安が安定していません。

国旗の説明：一般から募集して決定した国旗です。緑は豊かさと農業，白は平和と統一を象徴しており，3分割のデザインは，北部のハウサ，西部のヨルバ、東部のイボの主要3民族をあらわします。

サッカー
ワールドカップに6回出場し，3回はベスト16に入る強豪国。

DATA
ナイジェリア連邦共和国
- 首都：アブジャ
- 人口：1億9339万人（第6位）
- 面積：92.4万km²（第31位）
- 人口密度：209人/km²（第41位）
- おもな言語：英語，ヨルバ語，ハウサ語，イボ語，フラ語
- おもな宗教：イスラム教，キリスト教
- 通貨：ナイラ

ココ

ヨルバ語であいさつ
- Ẹ n lẹ. （エンレ）こんにちは。
- Ẹ şe. （エシ）ありがとう。

ラゴスの渋滞
ラゴスはアフリカ最大級の都市。中心はラゴス島にあり，本土部分とは橋で結ばれているので渋滞が激しく，交通はマヒ状態であった。近年は整備が進んできている。

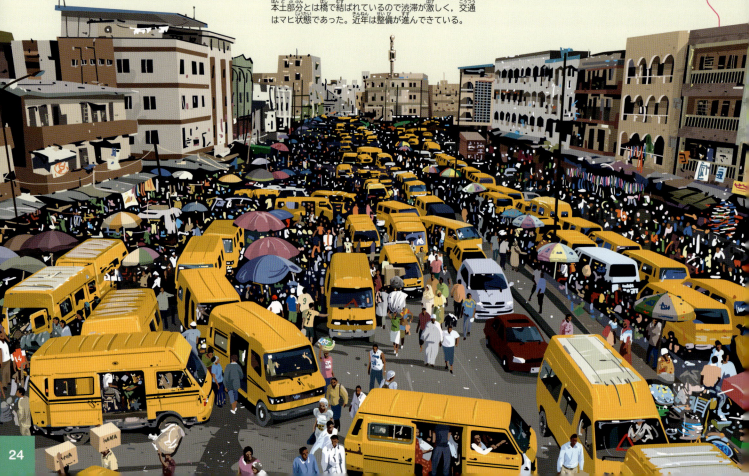

パウンデットヤム
ヤムイモを練ったもので、主食。

ジョロフライス
トマトベースの炊きこみご飯。

エグシスープ
メロンの種や肉、魚などを煮たもの。国民食の一つ。

お国自慢
ハリウッドならぬ…ノリウッド！

ナイジェリアの映画産業、その名もノリウッド！年間2000本以上を制作していて、これはアメリカのハリウッドより多いんだ。映画館で見ると1000円くらいするから、みんな一本100円のDVDを買って鑑賞するんだって。つくられた映画のほとんどはハッピーエンド！アフリカ諸国はもちろん、アメリカやイギリスでも楽しまれているそうだよ。

チャド →p.48

ニジェール →p.22

アディレ
ヨルバ伝統の技法でえがきだした藍染めの布。

スクル
17〜20世紀にかけて製鉄と農業で栄えた集落。先が尖ったわらぶき屋根の住居群が特徴的。

ベナン →p.26

○カノ

カインジ湖

○カドゥナ

ナショナルモスク
4本のミナレット（塔）に囲まれ、金色にかがやくドームをもつ巨大なモスク。（アブジャ）

ヤンカリ国立公園

ズマロック
●**アブジャ**

カドゥナ川

ベヌエ川

ヤンカリ国立公園の温泉
森のなかの岩の割れ目から湯が大量にわき出し、そのまま川となって流れ出している。

オスン・オソボ聖林
○イバダン
○アベオクタ

ズマロック
アブジャ郊外にある、高さ725mの巨大な一枚岩。

ヨルバのおじぎ
ヨルバの男性は体を地面につけ、帽子をとっておじぎをする。

ドリル
ナイジェリア東部からカメルーン西部に生息する大型の猿。狩猟と森林伐採で絶滅の危機にある。

○ラゴス

ニジェール川

カメルーン →p.52

石油
産出量はアフリカ最大。

ポート・ハーコート

ギニア湾

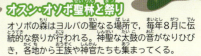

アベオクタの町なみ
1830年ごろ奴隷狩りをのがれたヨルバの人々によってつくられた町で、ヨルバにとって神聖なオルモ・ロックという巨大な岩の下に広がる。

オスン・オソボ聖林と祭り
オソボの森はヨルバの聖なる場所で、毎年8月に伝統的な祭りが行われる。神聖な太鼓の音がなりひびき、各地から王族や神官たちも集まってくる。

0　150　300km

ベナン

Republic of Benin

IOCコード **BEN** Africa

18世紀に奴隷貿易で繁栄したダホメ王国は，フランスに植民地支配され，1960年にダホメ共和国として独立しました。1975年からはベナン人民共和国として社会主義の方針をとるが，1990年に放棄し，現在の国名となりました。ブードゥー教がほかの宗教と融合しながら国民に広く信仰されています。

国旗の説明：1960年の独立時にアフリカの色である，緑・黄・赤を使った国旗が制定されましたが，社会主義時代は別のデザインでした。1990年にふたたび独立時の国旗にもどりました。

サッカー
強くはないが，国民から最も愛されるスポーツ。

DATA

ベナン共和国
- 首都：ポルトノボ
- 人口：1088万人（第83位）
- 面積：11.5万km²（第100位）
- 人口密度：95人/km²（第88位）
- おもな言語：フランス語，フォン語，ヨルバ語
- おもな宗教：キリスト教，イスラム教，ブードゥー教※
- 通貨：CFAフラン（セーファー）

※ブードゥー教はベナンなどの西アフリカ諸国で広く信仰されており，全世界に5000万人以上の信者がいるといわれる。

歴史 — 奴隷貿易の爪あと

18世紀ごろ，ヨーロッパの国々はアメリカに広大な植民地をもっていて，そこに労働力としてアフリカの人々を送りこんだんだ。数千万人といわれる人々が，「奴隷」として物のように売り買いされ，家畜のような扱いを受けたそうだよ。奴隷が運び出された海岸は，かつて奴隷海岸とよばれていたんだ。

エグングン
ブードゥー教の祭りで，毎年1月10日の祝日にウィダで行われる。ブードゥー教の霊や神々が色あざやかな衣装で，複雑で激しい踊りをする。

タタソンバ

土壁にわらの屋根をのせた北西部にみられる伝統的な住居をタタソンバといい，1階には台所や家畜囲い，2階には寝室がある。（ナティティングー近郊）

ブルキナファソ → p.20

ニジェール → p.22

バンジャリ国立公園

ベナン・ブルキナファソ・ニジェールにまたがっており，象・ライオン・カバなどの野生動物が多数生息している。

タヌグ滝

迫力のある滝。

アップリケ

ダホメ王国の王にはそれぞれ象徴する紋章があり，それをアップリケにした民芸品がおみやげとして人気。

ナイジェリア → p.24

アグーとピーナッツソースのスープ

アグーはヤムいもを蒸して，きねでついた餅のようなもの。一口サイズにちぎり，肉やチーズが入ったピーナッツソースのスープにつけて食べる。北部の料理。

ゲレデ

ヨルバの人々に伝わる仮面の祭り。先祖をたたえ，豊作を祈る。（アボメイ）

マンテンジャン

ほうれんそう，肉，エビなど，なんでもたくさん入れて煮こんだもの。南部の料理。

トーゴ → p.28

フォン語であいさつ

Kudo hweme.（クド ウェメ）
こんにちは。

A wa nu.（アワヌ）
ありがとう。

パイナップル

芯まで食べられることから，世界一おいしいといわれる。

アボメイの王宮

かつてダホメ王国では12人の王により12の王宮がつくられた。現存する二つの王宮は博物館として使われている。

グランドモスク

いちはやくアフリカにやってきたポルトガル人が建設した町ポルトノボの中心にあるモスク。

帰らずの門

奴隷たちはこの海岸で船積みされ，二度と帰ることはなかった。この悲惨な歴史を忘れないよう，1995年に門が建てられた。（ウィダ）

ガンビエ

ノコウエ湖につくられたアフリカ最大の水上集落。18世紀に奴隷狩りからのがれるために湖上に住み始めた。約4万の人々が暮らしており，学校や病院，警察などが通常の町と同様にそろっている。

0　　80　　160km

トーゴ
Republic of Togo

国土は南北に細長く、北部はサバナとよばれる草原、南部は熱帯雨林が広がり、民族や言語、宗教も南北で分かれます。農業がさかんで、リン鉱山の開発にも力を入れています。ドイツの植民地であったため、ビール生産も有名です。ドイツ・イギリス・フランスの支配を経験したのち1960年に独立しました。

国旗の説明：赤は独立のため流された血、緑は自然、黄は勇気、白い星は希望をあらわし、五本の帯は国内の五つの州を意味します。

サッカー
2006年ワールドカップにセネガルなど強豪国をおさえて出場し、新たに強国の仲間入りを果たした。

DATA
トーゴ共和国
- 首都：ロメ
- 人口：714万人（第101位）
- 面積：5.6万km²（第123位）
- 人口密度：126人/km²（第67位）
- おもな言語：フランス語、エウェ語、カビエ語、ダゴンバ語
- おもな宗教：キリスト教、ブードゥー教、イスラム教
- 通貨：CFAフラン

衣食住

日本製のおしゃれヘアー

トーゴをはじめ、サハラ以南アフリカでよくみられる編みこみヘアー。実は、アフリカの女性の髪の毛は短いことが多くて、エクステ（つけ毛）をつけているんだって！なかでも日本の会社カネカの商品「カネカロン」が大人気！本物の髪の毛に近くて、じょうぶなところが良いそうだよ。遠くはなれたアフリカの地で日本の技術が活躍しているんだね。

エペエペ
南部に住む民族ミナの正月である9月に行われる祭り。神官が聖なる石を拾い、その色から一年の運勢を占う。民族衣装のパレードが祭りをいろどり、2週間かけて祝い続ける。（アネホ）

ブルキナファソ
→p.20

タカイ
北部の町ダパングで披露される伝統的なダンス。白くて広がる衣装を着て，まわりながら踊る。

○ダパング

クタマク
クタマクではバタマリバの人々が2階建ての穀物倉庫を備えた粘土づくりの伝統住居に住み，農業や林業を営んでいる。

ガーナ
→p.30

いろんな種類のビール
ドイツの植民地時代の影響で，今でも多くのビール会社があり，アフリカで一番おいしいといわれる。

ベナン
→p.26

○クタマク

デュポール
バサールの人々が「予言者」になるために真夜中に行う儀式で，火の踊りとよばれる。予言者は神と通じることができ，選ばれた者だけがなれる。

○カラ

フォザオマルファカッサ国立公園
国内最大の国立公園で，象やイボイノシシなどが見られる。

○バサール

フォザオマルファカッサ国立公園

○ソコデ

カラのマーケット
マーケットは全国どこでも開かれ，カラではカビエの人々が農作物や衣料品を売り買いしている。

フフ
トーゴではヤムイモをついてつくる「餅」が主食。スープなどに入れて食べることもある。

エバラ
カビエ人の男性たちによる成人の儀式で，若い格闘士たちが強さ・忍耐力を披露する。（カラ）

フランス語であいさつ

ボンジュール
Bonjour.
こんにちは。

メルシー
Merci.
ありがとう。

ジャンクメ
ジャンクメは鶏のだしにとうもろこしの粉や唐辛子，塩，しょうがなどを混ぜてつくる主食。野菜炒めなどといっしょに食べる。

アグロワの滝

リン鉱山
ロメ近郊に西アフリカ最大の埋蔵量をほこるリン鉱山が発見され，開発が進められている。

ロメ大聖堂とマーケット
ドイツの影響を受けた木組みの大聖堂。周辺に広大なマーケットが広がり，日用品や工芸品が売られ，にぎわっている。

アグロワの滝
観光名所の一つで，落差が100mもある，流れ落ちる滝は乳白色に見える。

独立記念碑
1960年4月27日の独立を記念して建てられた。（ロメ）

チェベ
アゲレの人々による竹馬を使ったアクロバティックな踊り。

フェティッシュマーケット
ブードゥー教（→p.26）の呪術に使用する動物の頭がい骨や皮などが売られている。（ロメ）

トーゴ湖　アネホ
ロメ ✈

トーゴ湖
ボートトリップなどで人気の観光スポット。

ギニア湾

0　50　100km

ガーナ

IOCコード **GHA** Africa

Republic of Ghana

アフリカ西岸に位置し、本初子午線が通っているため、グリニッジ標準時を使用しています。イギリスに植民地支配されたのち、1957年にサハラ以南アフリカでは最初に独立を果たしました。カカオやコーヒーなどの農業がさかんなほか、金など鉱工業が経済を支えています。

国旗の説明：独立のさい、エチオピアの国旗に由来する赤・黄・緑を初めて使用しました。赤は独立のための犠牲を、黄は地下資源を、緑は森林と農業を、黒い星はアフリカの解放をあらわします。

フフをつくる人
プランテーン（料理用バナナ）やヤムいもとキャッサバを蒸したものを日本の餅のようについたもので、主食。さまざまなスープといっしょに食べる。

DATA
ガーナ共和国
- 首都：アクラ
- 人口：2830万人（第46位）
- 面積：23.9万km²（第80位）
- 人口密度：119人/km²（第69位）
- おもな言語：英語、チュイ語
- おもな宗教：キリスト教、イスラム教
- 通貨：セディ

ココ / コートジボワール / ブルキナファソ / トーゴ / ベナン / ナイジェリア

カカオ農家
南部の森林地帯で、おもにアカンの人々により栽培されている。太陽光にあてて、自然に乾燥させるため、風味豊かなチョコレートになる。（クマシ近郊）

JAPAN
ガーナで研究した野口英世

世界的に有名な細菌学者の野口英世。幼いころに手をやけどして、手術で回復したことをきっかけに医学の道に進んだんだ。黄熱病の研究のためにガーナにわたったんだけど、研究中に自分も黄熱病にかかって亡くなってしまったんだよ。日本によって記念研究所がアクラに建てられて、そこでは今でも伝染病の研究が続けられているんだって。

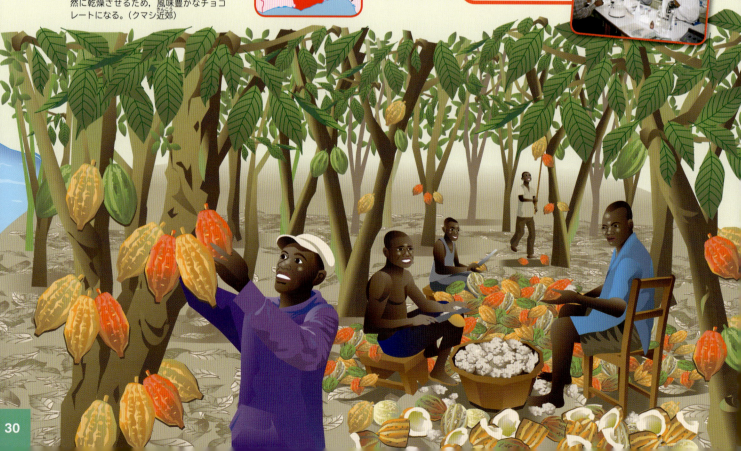

30

ウチャウカバ保護区
ガーナに生息しているカバの半数がここで保護されている。

トゥオザーフィとアヨヨ
トゥオザーフィはとうもろこしとキャッサバの粉を練ったもの。魚のだしとモロヘイヤからつくられるアヨヨとよばれるスープといっしょに食べる。北部の料理。

ブルキナファソ →p.20

チュイ語であいさつ

- Maaha. (マーハ) こんにちは。
- Medaase. (メダーシ) ありがとう。

ホワイトボルタ川

ララバンガモスク
1421年に建てられたガーナ最古のモスクで、泥と葦からできている。「西アフリカのメッカ」ともよばれる。

ボアーベン・フィエマ猿自然保護区
ボアーベンとフィエマの人々にとって猿は神聖なもので、傷つけてはいけないというルールがあり、現在は400匹の猿が人間と共存している。

ウチャウカバ保護区
ララバンガモスク
○タマレ

ケンテ
おもに南部でつくられているガーナの民族衣装。綿やシルクから織られる色あざやかな生地は高級品。

トーゴ →p.28

ウリの滝
国内で最大の落差をほこる滝。地元では「あふれ出るのを許して」という意味のアグマツァとよばれている。

ブラックボルタ川

ボアーベン・フィエマ猿自然保護区

ボルタ湖

アシャンティ王
クマシを中心として繁栄したアシャンティ王国は、現在もガーナ政府が認める正式な王国として存在しており、王の発言は今でも影響力をもっている。（クマシ）

サッカー
熱狂的な人気。ヨーロッパのクラブチームで活躍する選手を輩出している。

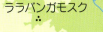

ケジェティアマーケット
4万5千をこえる店や露店が並び、食品や衣服、工芸品などを売っている西アフリカ最大の青空市場。（クマシ）

アフジャト山 ▲889
∴ウリの滝

アコソンボダム
1961〜65年にかけてつくられ、これによって世界最大の人造湖であるボルタ湖が出現した。発電される電力は周辺国へ売られている。

○クマシ
オブアシ○ ★
∴アコソンボダム
ボルタ川

金鉱山
オブアシ鉱山は世界で9番目に大きい金鉱山。

独立記念アーチ
1957年のガーナの独立を記念してつくられ、国旗にもえがかれている黒い星がのっている。（アクラ）

アクラ●

コートジボワール →p.32

エルミナ城∴
セコンディタコラディ○

ギニア湾

エルミナ城
1482年にポルトガル人によって建てられたヨーロッパ建築の城。のちに奴隷貿易の拠点にもなった。

バンクと魚
発酵させたとうもろこしとキャッサバの粉を練ってつくるバンクに、魚やオクラなど野菜のソースをつけて食べる。南部の料理。

石油タンカー
セコンディタコラディ沖で油田開発が行われ、2008年以降石油は輸出の柱となっている。

0　80　160km

コートジボワール

Republic of Côte d'Ivoire

19Cコード CIV Africa

国土はほぼ正方形で、南部は熱帯雨林、北部はサバナとよばれる草原が広がります。農業がさかんでカカオ生産は世界一のほか、石油生産も経済を支えます。1960年フランスから独立し、国名はフランス語で象牙海岸という意味で、昔たくさんの象牙を輸出していたことに由来します。現在は63の民族が共存しています。

国旗の説明：オレンジは北部のサバナと豊かな大地を、白は国民の協調と団結を、緑は南部の森林と希望をあらわしています。

DATA

コートジボワール共和国
- 首都：ヤムスクロ
- 人口：2395万人（第53位）
- 面積：32.7万km²（第68位）
- 人口密度：74人/km²（第105位）
- おもな言語：フランス語
- おもな宗教：イスラム教, キリスト教
- 通貨：CFAフラン

ココ

Sports
内戦を止めたサッカー選手ドログバ

2002年，権力争いから内戦が起こり，南北に分裂してしまったんだ。荒れた国をみて代表選手のドログバは，国民にこうよびかけたんだよ。「北部，南部，中部，そして西部出身の皆さん，この偉大な国がいつまでも混乱し続けるわけにはいきません。武器をおいて，選挙を実施してください。」その1週間後，戦闘がやんで，5年にわたる内戦が終わったんだって。ドログバは2014年のワールドカップで日本を負かすなど活躍したんだ。

ザウリダンス

南西部の熱帯雨林に住む民族グロの男性が，ザウリという派手なマスクをかぶり，上半身は動かず，ものすごいスピードでステップを踏む。葬式や祝いごとのときに披露される伝統的なダンス。日本の菓子メーカーのCMに起用され，有名になった。

リベリア

Republic of Liberia Africa

IOCコード **LBR**

アメリカ合衆国から解放された奴隷によってつくられた国で，1847年に独立しました。国名は自由を意味する英語LIBERTYからリベリアと名づけられました。1989年以降は内戦が続き，多数の犠牲者がでましたが，2003年に終結しました。鉄鉱石などの鉱業や天然ゴム栽培が主要産業です。

国旗の説明：解放奴隷が建国した国なので，アメリカ国旗の影響を強く受けています。11本の横線は独立宣言にサインした11人をあらわし，白い星はアフリカで最初に独立したことを示します。

サッカー
最も人気のあるスポーツで，1995年にFIFA最優秀選手賞に選ばれた「リベリアの怪人」ことジョージ＝ウェアが有名。彼はのちに大統領となった。

DATA
リベリア共和国
- 首都：モンロビア
- 人口：394万人（第125位）
- 面積：11.1万km²（第102位）
- 人口密度：35人/km²（第144位）
- おもな言語：英語
- おもな宗教：キリスト教
- 通貨：リベリア・ドル

ウォーターサイドマーケット
海岸沿いに位置する国内最大の市場で，日用品から食品，革製品などなんでもそろう。2階までも品物が並び，大勢の人々でごったがえしている。（モンロビア）

歴史 ペリーが送り届けた解放奴隷
江戸時代末期に黒船で来航し，日本に開国をせまったことで有名なペリー。実は若いころにリベリアにも行っていたんだ！当時，アメリカ合衆国では奴隷を解放し，アフリカへ返そうという動きがあって，ペリーは奴隷を乗せた船を護衛して，現在の首都モンロビアの地を見つけたそうだよ。

シエラレオネ
Republic of Sierra Leone

IOCコード **SLE** Africa

大西洋に面しており，湿地や台地が多い国です。イギリスで解放された奴隷が多く移住し，イギリスの植民地となったのち，1961年に独立しました。1991年から10年以上も内戦が続き，多くの難民が出ました。現在はダイヤモンド，ボーキサイトなど豊富な地下資源とカカオなどの農業が主要産業です。

国旗の説明：緑は農業と地下資源を，白は平和と正義を，青は大西洋とフリータウンの港をあらわし，貿易活動を通じて世界平和への貢献をしたいという国の希望を象徴しています。

DATA
シエラレオネ共和国
- 首都：フリータウン
- 人口：709万人（第102位）
- 面積：7.2万km²（第116位）
- 人口密度：98人/km²（第84位）
- おもな言語：英語，メンデ語，テムネ語，クリオ語
- おもな宗教：イスラム教，キリスト教
- 通貨：レオネ

ココ

歴史
ダイヤモンドの戦争と平和

イギリスから独立後，ダイヤモンドを採掘する権利をめぐって，政府軍と反政府軍が対立し，内戦に発展してしまったんだ。反政府軍はダイヤモンドを密輸して武器を買い，戦いは2002年まで10年以上も続いたことで国内は荒れ果ててしまったんだよ。一方で，2017年に見つかった709カラットもある巨大なダイヤモンドは，政府を通して正式な競売にかけられ，7億3000万円で売られて，その売り上げの6割が道路や医療機関の整備に使われるんだって。

ダイヤモンド産業
1930年に原石が発見されて以来，主要産業となっている。ダイヤモンドは河川に流され広い範囲に散らばっているため，川でざるを使って採掘するのが特徴的。（コイドゥ）

ギニア

Republic of Guinea

IOCコード **GUI** Africa

古くはガーナ王国，マリ王国の領土で，1904年にフランスの植民地となり，1958年に独立しました。ボーキサイトや金などの地下資源が豊富で，土地も豊かなため稲作などの農業もさかんです。しかし，公共施設の整備の遅れや，軍によるクーデターも起こっており，政治・経済ともに不安定な状況です。

国旗の説明： フランスの国旗にちなんだデザインで，アフリカの色である赤・黄・緑の三色旗です。赤は労働と太陽，黄は正義と金，緑は団結と森林を象徴しています。

DATA

ギニア共和国

- 首都：コナクリ
- 人口：1131万人（第75位）
- 面積：24.6万km²（第77位）
- 人口密度：46人/km²（第130位）
- おもな言語：フランス語
- おもな宗教：イスラム教，キリスト教
- 通貨：ギニア・フラン

ココ

JAPAN
ギニアの地図をつくった日本人

「隷属による豊かさよりも，貧しさのなかの自由を選ぶ」と言って，フランスから一方的に独立を宣言したギニア。怒ったフランスは町を破壊し，重要な国の地図をもち去ってしまったんだ！地図がなくては道路などの整備もできず，どんどん貧困に…そこで日本の測量士たちがとても暑い環境のなか，4年をかけて地図づくりを行ったんだよ！今でもその功績がたたえられているんだって。

提供：国際航業株式会社（日本アジアグループ）

ジャンベの演奏と踊る人

ジャンベは木をくり抜いてつくられた胴にヤギの皮をはった片面の太鼓。ギニア発祥で，西アフリカで広く演奏されている。リズムに合わせてアフリカンダンスを踊る。

フタジャロン山地
「西アフリカのスイス」ともいわれる豊かな自然のなかで、伝統的なかやぶき屋根の家に住み、農業や牛飼いを行うフルベの人々が暮らしている。

バーニュマーケット
男性も女性もバーニュとよばれるカラフルな布を買い、仕立屋で好みの服をつくってもらう。（コナクリ）

ジョロフライス
鶏肉と野菜をトマトで煮こみ、その煮汁で米を炊いたピラフのような料理。

セネガル →p.42

ギニアビサウ →p.40

マリ →p.18

ボーキサイト鉱山
鉱山は北西部に位置し、ボーキサイト（アルミニウムの原料）の埋蔵量は世界の3分の1をしめる。

ブライダルベール滝
緑豊かな森のなかにあり、崖から落ちてくる滝が花嫁のベールのように見える。

 フタジャロン山地

ニンバ
バガの人々に伝わる子孫繁栄・豊穣の女神。ギニアの紙幣にもえがかれている。（ボファ）

 ボファ

 キンディア
ブライダルベール滝

ニジェール川

米
米が主食で、1人あたりの年間消費量は日本より多い。

カンカン

リグラ
炊きこみご飯に魚や野菜がのっている国民食。

● コナクリ

グランドモスク
高くそびえるミナレット（塔）が特徴で、コナクリのシンボル。

コラの実
熱帯雨林でとれる木の実で「コーラ」の語源。カフェインを含み、興奮剤として北部の乾燥地でよく食べられる。

ゲケドゥー

サッカー
国内で最も人気のあるスポーツ。

ロス諸島
奴隷貿易の拠点であったが、今は美しいビーチが広がる観光地。なかでも赤い砂のビーチは珍しい。

シエラレオネ →p.36

リベリア →p.34

ンゼレコレ ● ニンバ山 1752

ドゥンドゥンバ祭り
ドゥンドゥンという低音の太鼓の音に合わせて歌い踊る祭りで、ギニアで広く行われる。結婚式の前には水色の衣装を着た女性が踊る。

 大西洋

コートジボワール →p.32

フランス語であいさつ

ボンジュール
Bonjour.
こんにちは。

メルシー
Merci.
ありがとう。

0　　100　　200km

ギニアビサウ
Republic of Guinea-Bissau

大西洋に面した小さい国で、サバナが広がる内陸部と大小88の島々からなります。落花生やカシューナッツなどの農業や、漁業がおもな産業です。15世紀にポルトガルに植民地支配され、1973年に独立しました。ブラジルからの移民の影響で、ラテンアメリカの音楽や踊りが大好きな陽気な国民性です。

国旗の説明：黄は太陽、緑は希望、赤はポルトガルから独立するために犠牲となった血をあらわし、黒い星はアフリカの統合を意味します。

サッカー
ポルトガルの影響で、サッカーが最も人気。男性だけでなく、女性のチームも力を入れている。

DATA
ギニアビサウ共和国
- 首都：ビサウ
- 人口：154万人（第148位）
- 面積：3.6万km²（第134位）
- 人口密度：43人/km²（第136位）
- おもな言語：ポルトガル語
- おもな宗教：イスラム教、キリスト教、伝統的信仰
- 通貨：CFAフラン

くらべてみよう
面積

日本のどこ？
（正解はページの下にあります）

ギニアビサウ

カーニバル
同じポルトガルの植民地であったため、ブラジル移民の子孫が多く、リオのカーニバルと同じ日程（2月上旬）で行われる。酒を飲みながら太鼓のリズムで三日三晩踊りあかし、パレードで最高潮に達する。（ビサウ）

セネガル

IOCコード **SEN** Africa

Republic of Senegal

アフリカ大陸の最西端に位置し，乾燥した平野が多く，落花生などの農業や漁業がさかんです。15世紀にポルトガル人がゴレ島に定住し，その後オランダ・フランスが奴隷貿易を行いました。1783〜1960年の独立までフランスの植民地で，ヨーロッパ諸国とは現在も友好な関係が続いています。

国旗の説明：フランスと同じ縦三色のデザインで，緑は農業と希望を，黄は富と資源を，赤は独立のために流された血をあらわし，中央の星は自由統一のシンボルです。

大西洋

DATA

セネガル共和国

- 首都：ダカール
- 人口：1480万人（第70位）
- 面積：19.7万km²（第86位）
- 人口密度：75人/km²（第104位）
- おもな言語：フランス語，ウォロフ語
- おもな宗教：イスラム教
- 通貨：CFAフラン

日本の約半分！

ココ

お国自慢
もてなし助け合う「テランガ」

初めて会ったセネガル人と話していると…「今からご飯を食べにきなよ！」なんてお誘いを受けるのもしばしば！実はこれは「テランガ」という文化で，食べ物を分け合うことや物をゆずり合うこと，誰かを助けることは当たり前なんだって。だからいつも料理は大皿にもられていて，チェブジェン※に入っている魚などの具も，取り分けてみんなで食べるんだよ。

※イラスト参照。

レトバ湖
湖面が下がる乾季の昼ごろが最も美しいピンク色になり，ラックローズ（バラの湖）とよばれる。湖の塩分は海水の10倍の濃度で，塩の産地となっている。

サンルイの港
セネガル川の河口にある都市で、その旧市街には植民地時代の町なみが残っており、カラフルな漁船が見られる。

ペリカンの群れ
ジュッジ国立鳥類保護区にはモモイロペリカンやフラミンゴなど多数の鳥が飛来する。

バスケットボール
アフリカ選手権で何度も優勝しており、アフリカ屈指の強豪国。

ウォロフ語であいさつ

アッサラーム アレイクム
Assalamu alaykum.
こんにちは。

ジェレジェフ
Jerejef.
ありがとう。

セネガル川

モーリタニア →p.16

ジュッジ国立鳥類保護区

サンルイ

奴隷の家
ゴレ島は奴隷の積み出し港として栄えた。オランダが建てた奴隷の家にはつねに200人前後が収容されており、アメリカなどに送られた。

トゥーバのモスク
国民の9割以上がイスラム教のため多くのモスクがあり、なかでもトゥーバのモスクは代表的。

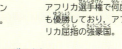

チェブジェン
魚の煮汁で炊いたご飯。セネガルの料理はアフリカで最も洗練されているといわれ、周辺国へも影響を与えている。

サッカー
世界的な強豪国で、ナショナルチームは国民のスター。多くの子供がサッカー選手にあこがれる。

レトバ湖
ダカール
ゴレ島
トゥーバ

マフェ
ピーナッツソースを使ったシチューで、ご飯にかけて食べる。三食のうち昼食が最も重要で、米をよく食べる。

マリ →p.18

カオラク

落花生畑
フランスが輸出作物として栽培させた落花生畑が今でも広がっている。（カオラク）

ストーンサークル群

ガンビア →p.44

カーラピット
ダカールなど都市部では、カラフルな小型乗合バスが庶民の足。

ストーンサークル群
8〜12世紀ごろに墓標としてつくられたといわれる。セネガルとガンビアにまたがる地域で見られる。

ガンビエ川

ジギンショール

ケドゥグ

ギニアビサウ →p.40

ギニア →p.38

バオバブ
国のシンボル。サン＝テグジュペリの小説『星の王子様』に登場するバオバブは、セネガルがモデルといわれている。

セネガル相撲
レスリングに近い伝統的な格闘技で、国中が熱狂する。優勝者は国民的ヒーロー。

0　　80　　160km

43

ガンビア
Republic of The Gambia

セネガルに三方を囲まれたアフリカ大陸で最も小さい国です。イギリスがガンビア川を植民地としたため、川に沿った細長い領域となりました。1965年に独立し、いちじセネガルと国家連合を形成しましたが、すぐに解消しました。落花生などの農業や川を利用した観光業が主要産業です。

国旗の説明：赤は太陽を、青は国の中央を流れるガンビア川を、緑は豊かな森林と農業を、白は国民の団結と平和をあらわしています。

セネガル →p.42

DATA
ガンビア共和国
- 首都：バンジュール
- 人口：188万人（第145位）
- 面積：1.1万㎢（第159位）
- 人口密度：167人/㎢（第51位）
- おもな言語：英語、マンディンカ語
- おもな宗教：イスラム教
- 通貨：ダラシ

マンディンカ語であいさつ
- Etinyang.（エティンヤン） こんにちは。
- Abaraka.（アバラカ） ありがとう。

大西洋

モーリタニア / セネガル / ギニアビサウ / ギニア
ココ

クンタ・キンテ島
ガンビア川流域にある奴隷貿易の中心地だった場所で、当時の要塞や収容施設あとが残る。

バッラ ○ ●バンジュール
セレクンダ○
クンタ・キンテ島
○ブリカマ
ガンビア川

セネガル →p.42

バンジュールの町なみ
イギリス植民地時代の影響を受けた建物が多く建っている。

歴史

島名になった「クンタ・キンテ」

アメリカ合衆国に連れてこられた黒人奴隷の苦悩に満ちた生活をえがいた『ルーツ』という小説が，1970年代に出版されて大ヒット！主人公のクンタ＝キンテという少年は，奴隷貿易の拠点となっていたガンビアのジェームズ島から積みこまれたんだけど，このことから2011年にジェームズ島を「クンタ・キンテ島」に改名。奴隷に対する残虐な行為を忘れないようにしたんだよ。

ソウルウバ
マンディンカやフラの人々に伝わる太鼓の総称。高音のサバロー，低音のクティロー，中間音のクティリンディンの3本一組で演奏され，村の祭礼には欠かせない。

ベナチン
魚やたまねぎ，キャベツ，トマト，にんじんなどを煮こんでつくった，国民食の炊きこみご飯。

スパカンジャ
オクラをパーム油でとろとろに煮こんだスープ。

チンパンジーリハビリプロジェクト
親とはなればなれになったチンパンジーの子供を育てて，成長したら森に返すことを目的とした保護プロジェクト。（ガンビア川国立公園）

ガンビアの女性
色あざやかな布でつくったかぶりものや服を身につけている。

木彫りの人形
象やカバなどをモチーフにしたかわいい人形がつくられる。

○ファラフェニ
○ソマ
∴ガンビア川国立公園

落花生
重要な輸出品。

ガンビア川
○バスサンタスー

くらべてみよう　●ガンビアの東西の長さ●

稲作
米の消費量が多く，稲作がさかん。

○東京
○名古屋
ガンビア

サッカー
どの町にもサッカー場があり，国民に最も愛されているスポーツ。

漁
料理ではガンビア川でとれる魚がよく使われる。

カバ

ボートサファリとリゾートホテル
ガンビア川沿いにはコテージ風のホテルが建っており，そこからボートサファリを楽しめる。運が良ければカバやクロコダイル，ナイルチドリなどが見られる。

クロコダイル　ナイルチドリ

カーボベルデ

Republic of Cabo Verde

国名はポルトガル語で「緑の岬」を意味します。大西洋に浮かぶ15の島からなり、それぞれに特徴的な音楽や産業、自然がみられます。ポルトガルが奴隷貿易の基地を設けたときから混血が進み、今でもその影響が文化や町なみなどに色濃くみられます。1975年に独立し、現在は農業と漁業がさかんです。

国旗の説明：青は空と海を、白は平和と安定を、赤は独立で流された血と国民の努力を、10個の黄色い星はおもな10の島を、横の線は国家建設への道をあらわしています。

DATA
カーボベルデ共和国
- 首都：プライア
- 人口：53万人（第166位）
- 面積：0.4万k㎡（第166位）
- 人口密度：132人/k㎡（第64位）
- おもな言語：ポルトガル語, クレオール語
- おもな宗教：キリスト教
- 通貨：エスクード

ココ
ベルデ岬諸島
モーリタニア →p.16
セネガル →p.42

ポルトガル語であいさつ

- オラー **Olá.** こんにちは。
- オブリガーダ（女性）**Obrigada.** ありがとう。
- オブリガード（男性）**Obrigado.** ありがとう。

ミンデロの町なみ
ポルトガル領であったころの面影が残るカラフルな家が建ち並んでいる。ミンデロ港は大西洋でマグロ漁をする日本船の基地。

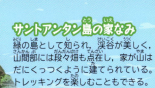
サントアンタン島の家なみ
緑の島として知られ, 深谷が美しく, 山間部には段々畑も点在し, 家が山はだにくっつくように建てられている。トレッキングを楽しむこともできる。

ミンデロのマーケット
魚, 野菜, 果物などなんでもそろう室内マーケットは, 多くの人々でにぎわっている。

大 西 洋

ペドラ・ルーメの塩田あと
サル島では, かつて岩塩の採掘が行われており, 現在は塩田あとと運搬用の朽ちたリフトが残っている。サルは塩を意味する。

○ポンタドソル
サントアンタン島

サンビセンテ島
○ミンデロ

サンタルシア島

ペドラ・ルーメの塩田あと

サル島

グローグ(ラム酒)
サントアンタン島ではサトウキビを原料にしたラム酒がつくられている。

リベイラブラバ

サンニコラウ島

モルナ
ポルトガルの民謡「ファド」の影響を受けた音楽で, クラリネットやアコーディオン, バイオリン, ギターなどヨーロッパの楽器にあわせて, 故郷や家族に対する想いを歌いあげる。

○サルレイ
ボアビスタ島

カーニバル
ブラジルのサンバを踊るカーニバルが開かれ, なかでもミンデロの規模が大きい。

ウミガメ
島名が「良いながめ」を意味するボアビスタ島の周辺は, ウミガメが見られる。

カジューパ
とうもろこしと豆, 豚肉, 野菜などを煮こんだ料理で, 国民食。

サッカー
国内で最も人気のあるスポーツ。11の島でリーグ戦が行われる。

フォゴ山トレッキング
フォゴ山のカルデラをめぐるトレッキングが人気。

フォゴ山
2829▲
フォゴ島

フォゴ島のワイン
火山島であるフォゴ島の山ろくでブドウが栽培され, ワインが生産されている。

マイオ島

サンティアゴ島
プライア✈

シダーデ・ベーリャ

シダーデ・ベーリャ
14〜17世紀にかけて, ポルトガルの奴隷貿易の拠点として栄えたサンティアゴ島の港町。海賊からの襲撃に備えた城塞あとなど, 当時を伝えるさまざまな遺跡が残っている。

ブラバ島

お国自慢
たくさんの文化がまざった音楽！

1460年代, 無人島だったカーボベルデをポルトガルが占領してから, アフリカとヨーロッパの文化がまざりあって, 独特な音楽が生まれたんだ！哀愁のただよう「モルナ」をはじめ, サンティアゴ島発祥でアフリカ色の強い「フナナ」や, 同じポルトガルの植民地だったブラジルに似たカーニバルも。ほかのアフリカとは違った雰囲気がおもしろいね！

47

チャド

Republic of Chad

北部はサハラ砂漠の南側に位置し、牧畜が行われ、南部はチャド湖を中心に湿地が広がり、農業がさかんです。1万年前は国土の半分がチャド湖であったといわれています。日本の3倍以上の面積をもち、170以上の民族が共存しています。1960年にフランスから独立しました。

IOCコード **CHA** Africa

国旗の説明：フランスの影響を受けた三色旗で、青は水と南部の農業を、黄は太陽と地下資源、そして北部の牧畜を、赤は独立闘争で流された血と国民の団結をあらわしています。

キサラと肉のスープ
ミレット（雑穀）をクレープ状にしたキサラは主食で、肉のスープにつけて食べる。

DATA

チャド共和国
- 首都：ンジャメナ
- 人口：1188万人（第73位）
- 面積：128.4万km²（第20位）
- 人口密度：9人/km²（第182位）
- おもな言語：フランス語，アラビア語，サラ語
- おもな宗教：イスラム教，キリスト教
- 通貨：CFAフラン

サラ語であいさつ
- Lapia.（ラピア）こんにちは。
- Kəra.（クラ）ありがとう。

アルシェイ・ゲルタのラクダの群れ
サハラ砂漠が緑地だったころ、雨の侵食によってつくられた岩壁の谷間に今でも泉（ゲルタ）があり、水を求めて野生のラクダの群れやキャラバンが訪れる。

消えゆくチャド湖

チャド，ナイジェリア，ニジェール，カメルーンの4か国にまたがるチャド湖は，この40年の間に95％の面積を失ってしまったんだ。原因としては，気候変動や，チャド湖に流れこむ川から水を引いてくる灌漑農業，放牧のしすぎによる砂漠化と考えられていて，今世紀中に湖が消滅するかもしれないといわれているんだ。そうすると周辺の2000万人が困ってしまうんだって。

チャド相撲
セネガルやニジェールと同様，レスリングのようなチャド相撲がさかんで，国際試合でも強い。

サハラ砂漠

リビア →p.8

エミクシ山 ▲3415

ウニャンガ湖沼群
地下水の湧水でできた18の湖の総称。砂と岩の景観のなか，緑がよく映える。

ビリビリ
麦を発酵させて泡だった酒。町中でよく売られており，人気。

ニジェール →p.22

ウニャンガ湖沼群

エネディ山地
アルシェイ・ゲルタ

アロバのアーチ
エネディ山地の奇岩群のなかにある高さ100mの砂岩のアーチ。

デザートクロコダイル
1万年前まで続いた「緑のサハラ」時代には西アフリカ諸国で生息していたが，現在生き残りが見られるのは，サハラではエネディ山地のみ。

1970年ごろの湖岸線

グランド・モスク
天井のドームがなく，2本のミナレット（塔）がめだつ国内最大のモスク。（ンジャメナ）

○アベシェ

スーダン →p.6

チャド湖

●ンジャメナ

南部の伝統的住居
屋根は植物の茎でつくられ，周辺にはやしやマンゴーの木が植えられている。

チャド湖クルーズ
チャド湖は縮小しているが，雨季にはクルーズが楽しめ，湖に点在する島を訪れることができる。

シャリ川

石油
ドバ油田からとれる石油が輸出の8割をしめる。

ザクマ国立公園

荷物と人を運ぶトラック
鉄道や長距離バスがないためトラックはあふれんばかりの荷物や人を運んでいる。

ロゴヌ川

ナイジェリア →p.24

カメルーン →p.52

ムンドゥー ○ ドバ ○クムラ ○サール

中央アフリカ →p.50

ザクマ国立公園
約3000㎞²という広大な公園内にはライオン，キリン，カンムリヅルなどさまざまな野生動物が生息している。

成人の儀式
数年ごとに行われる儀式で，12歳以上の男性が仮面をかぶって山に数日間こもり，ほかの誰とも会わずに大人になるための勉強をする。

サイダンス
男性がリズムをとりながら腰を激しく動かして踊り，すばらしいダンスを披露すると首かざりがもらえ，ステータスになる。（クムラ）

0　　200　　400km

中央アフリカ
Central African Republic

IOCコード **CAF**

大陸のほぼ中央に位置し、国土の大部分は標高600m以上の高原で、南部には熱帯雨林が、北・中部には乾燥した草原であるサバナが広がっています。綿花や、鉱物資源が経済を支えます。1960年にフランスから独立したのち、不安定な政治が続きましたが、近年民主的な政治が復活しつつあります。

国旗の説明：フランスの三色旗（青・白・赤）とアフリカの色（緑・黄・赤）を組み合わせ、両者に共通する赤を縦におきました。黄色い星は自由と独立をあらわします。

DATA
中央アフリカ共和国
- 首都：バンギ
- 人口：444万人（第119位）
- 面積：62.3万km²（第44位）
- 人口密度：7人/km²（第184位）
- おもな言語：サンゴ語、フランス語
- おもな宗教：キリスト教、伝統的信仰、イスラム教
- 通貨：CFAフラン

動植物

マルミミゾウを守れ！

中央アフリカをはじめ、カメルーンやチャドなど熱帯雨林が広がるアフリカ中部では、象牙をねらった密漁が絶えないんだ。象牙はアジアなどで高く取り引きされるから、一度に100頭もの象が殺される事件も起こっているんだよ。現在は国どうしが協力して、国境をこえたパトロールや、密輸の監視を強めているんだって！

マルミミゾウとボンゴ
手つかずの森が広がるザンガ・ンドキ国立公園には、木々をよけるために耳が丸く小さくなったといわれるマルミミゾウや、ウシ科の珍獣であるボンゴなどが保護されながら生息している。

カメルーン
Republic of Cameroon

北部はサバナ，中央部は高原，南部は熱帯雨林，西部は山地と地形は変化に富んでいます。歴史的にはドイツ領からイギリス・フランスに分割・支配され，1960年にフランス領が，翌年にイギリス領が独立し，1972年に合併しました。国内には250以上の民族がおり，カカオや綿花などの農業がさかんです。

国旗の説明：緑は南部の豊かな国土を，黄はかがやく太陽と北部のサバナ（草原）を，赤は南部と北部の団結を，中央の星は栄光をあらわします。

ルムシキの景観
火山活動によって岩がそびえ立ち，世界一の奇岩群といわれる。

DATA
カメルーン共和国
- 首都：ヤウンデ
- 人口：2271万人（第54位）
- 面積：47.6万km²（第53位）
- 人口密度：48人/km²（第127位）
- おもな言語：フランス語，英語
- おもな宗教：キリスト教，イスラム教
- 通貨：CFAフラン

ルムシキの伝統，カニ占い！

ルムシキには昔からカニの動きで未来を占う専門家がいるんだ！占ってほしいことを伝えると，カニに呪文をかけて，れんがの入ったつぼの中へ…ふたをしてしばらく待ってからオープン！そのときのカニのポーズやカニが動かしたれんがを見て，アドバイスをくれるそうだよ。占い師は親から子へと受け継がれていって，村の人々からたよられているんだ。

ヒデの木曜市
エナメルでぬられたカラバッシュとよばれるひょうたん帽子をかぶった既婚女性たちが，雑穀を原料としたミレットビールを売っている。友達どうしで飲むのがおなじみ。（トゥルゥ）

ポドコのキルディ・ダンス
ウジラにあるポドコの伝統集落では，結婚式や葬儀のとき，酋長の夫人たちが足にマラカスのような楽器をつけて踊る。

ムスグンの伝統的な家
家のてっぺんに明かりを取り入れる穴があり，雨が降るとよじ登ってふたをする。敵が攻めてきたときに身を守れるよう入り口はせまくつくってある。（プス）

チャド湖

ワザ国立公園

○ウジラ

○トゥルウ ○プス

○マルア

○ルムシキ

ロゴヌ川

ワザ国立公園
公園内の物見やぐらに登れば，象やカバ，キリン，アンテロープ，ライオン，ジャッカルなどの動物を間近で観察することができる。

コマの人々
アランティカ山地の丘陵地帯ではコマの人々が自給自足の生活をしている。男性は腰巻，女性は下腹部を葉がついた木の枝でおおった伝統的な衣装を身につけている。

ナイジェリア →p.24

チャド →p.48

アランティカ山地

カカオ
世界第4位の生産量をほこる。（バフット）

アダマワ高原

○ンガウンデレ

綿花
北部でおもに栽培され，重要な輸出品となっている。

バフットの仮面舞踊
バフットには仮面をかぶり，木琴のリズムにあわせて踊りまわる民族文化が残っている。

バフット○

○バフサム

聖ペテロパウロ教会
1936年に建てられたカトリック教会。（ドゥアラ）

ニャンニャンダンスフェスティバル
バミレケの人々によって2年に1度開催される。アフリカで最も古いカーニバルの一つ。（バフサム）

フランス語であいさつ
ボンジュール **Bonjour.** こんにちは。
メルシー **Merci.** ありがとう。

中央アフリカ →p.50

カメルーン山 4100▲

○ドゥアラ

サナガ川

●ヤウンデ

ニシキヘビ
ジャー動物保護区にはほとんど手つかずの熱帯雨林が広がり，ニシキヘビをはじめさまざまな動物が見られる。

ジャー動物保護区
ジャー川

赤道ギニア →p.54

ギニア湾

フーフー
キャッサバをすりつぶし，餅のようについたもので，ピーナッツシチューなどをかけて食べる。

サッカー
最も人気のスポーツで，ワールドカップの常連国。

ガボン →p.58

コンゴ共和国 →p.24

バスケットボール
サッカーについで人気のスポーツ。

ンドレ
国民食。植物の葉を，肉やエビ，干し魚といっしょにピーナッツペーストで煮こんだもの。フーフーや揚げバナナと食べる。

0　150　300km

赤道ギニア

IOCコード **GEQ**

Republic of Equatorial Guinea

大陸部とギニア湾に浮かぶ島からなり、首都が島部に位置する珍しい国です。熱帯地域で雨が多く、カカオや木材生産がさかんでしたが、油田が発見されてからは、石油が主要輸出品となっています。1968年にスペインから独立し、1979年から現在にいたるまで同じ大統領が政権をにぎり続けています。

国旗の説明：青は海を、緑は農業と天然資源を、白は平和を、赤は独立闘争で流された血を意味します。紋章には聖なる木と五つの星がえがかれ、下部には「団結・平和・正義」と書かれています。

サッカー
スペインの植民地時代に導入され、今では国民的スポーツ。アフリカネイションズカップの開催国になったこともある。

DATA

赤道ギニア共和国

- 首都：マラボ
- 人口：122万人（第154位）
- 面積：2.8万km²（第141位）
- 人口密度：44人/km²（第134位）
- おもな言語：スペイン語，フランス語，ポルトガル語，ファン語
- おもな宗教：キリスト教
- 通貨：CFAフラン

サン・タイザベル大聖堂
スペインの植民地時代に建てられたお城のような大聖堂。やしの木とのコントラストが美しい。（マラボ）

ギニア湾

マラボ
バジーレ山 ▲3011
ビオコ島
ルバ
ビーチ

海上油田
1992年にビオコ島沖で石油や天然ガスが生産されるようになり，その後ギニア湾であいついで油田が発見されている。石油の輸出が経済を支える。

「ギニア」とつく国

赤道ギニア，ギニアビサウ（→p.40），ギニア（→p.38）…アフリカには国名に「ギニア」がつく国が三つも！由来はどれも「ギニア湾」からきているんだけど，1958年にギニアが独立。そのあとの1968年に独立した赤道ギニアは，「赤道に近いギニア」ということで，この国名にしたんだって！ちなみに赤道は通っていないから要注意。最後1973年に独立したギニアビサウは首都のビサウをくっつけて国名にしたそうだよ。

カメルーン →p.52

バジーレ山とマラボの町なみ
バジーレ山はビオコ島で最も高く，晴れた日にはカメルーンまで見わたすことができる。マラボは油田の開発で経済成長が続いており，整然とした町なみが広がる。

バタ大聖堂
バタの海岸沿いに1954年に建てられた，スペインの影響が色濃く残るゴシック様式の教会。

エベビイン大聖堂
第三の都市であるエベビインに，スペイン植民地時代に建てられた教会。町のランドマークになっている。

エベビイン ○

ニシローランドゴリラ
モンテアレン国立公園の山林や湿地に生息しており，トレッキングツアーで観察できる。

モンゴモ ○

サタニッククロコロブス
体長70cmほどの，全身黒い体毛でおおわれた絶滅危惧種の猿。モンテアレン国立公園で見ることができる。

大西洋

バタ
ベニート川
モンテアレン国立公園
エビナヨング ○

アクワドゥ
プランテンバナナ（甘くない料理用バナナ）をココナッツやオレンジジュース，砂糖といっしょに焼いたもの。伝統的に朝食で食べられる。

スッコタッシュ
アオイマメとライマメ，唐辛子，たまねぎなどを炒めた料理。スペインや南米の影響と現地の人々の料理がまざったクレオール料理（→p.89）。

ファン語であいさつ

ウンボロ（一人に対して）
Mbolo. こんにちは。

アキバ
Akiba. ありがとう。

ウンボロワニ（二人以上に対して）
Mbolo'ani. こんにちは。

音楽の日
毎年マラボで開催される祭りで，有名なミュージシャンやダンサーたちが観客の前で歌ったり踊ったりする。

ガボン →p.58

0 40 80km

サントメ・プリンシペ

Democratic Republic of São Tomé and Príncipe

サントメ島とプリンシペ島の二つの火山島からなり、首都があるサントメ島に人口の約90％が住んでいます。16〜17世紀にかけて、ポルトガルの奴隷貿易の中継基地として発展しましたが、1975年に独立しました。カカオなどの農業がさかんで、近年海底油田も発見され、開発が進められています。

国旗の説明：赤は独立運動で流された血を、緑はカカオと森林を、黄は豊かな国土を、黒い二つの星はサントメ島とプリンシペ島をあらわします。

DATA
サントメ・プリンシペ民主共和国

- 首都：サントメ
- 人口：19万人（第175位）*東京都の約半分！*
- 面積：964km²（第171位）
- 人口密度：201人/km²（第46位）
- おもな言語：ポルトガル語
- おもな宗教：キリスト教
- 通貨：ドブラ

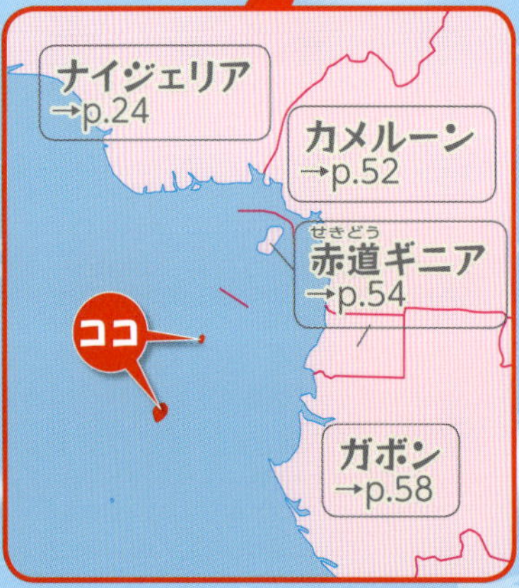

ポルトガル語であいさつ

- Obrigada.（オブリガーダ・女性）ありがとう。
- Olá.（オラー）こんにちは。
- Obrigado.（オブリガード・男性）ありがとう。

ピコ・カン・グランデ
高さ600mの垂直に立つ岩山。勾配は急だが、頂上まで登ることができる。ふもとに広がる原生林には、ランやベゴニアなど約800種類の植物が自生している。

歴史

奴隷貿易のしくみ

サントメ・プリンシペは，1470年にポルトガル人によって発見されたんだ。当時は無人島だったんだけど，ポルトガル人はアフリカ大陸から奴隷を連れてきて，さとうきびのプランテーションで働かせたんだよ。こうしてヨーロッパ人がアフリカで奴隷を買い，その奴隷をアメリカで売り，そのお金で砂糖などを買い，さらにそれをヨーロッパで売るという奴隷貿易のしくみができあがったんだ。

パンノキ
フルータともよばれ，蒸し焼きや丸焼き，あるいは薄切りにして焼いて食べられる。

サントアントニオ
プリンシペ島

ゆでガニ
とれたてのゆでガニが名物料理。

カリル
タロイモをたまねぎやトマトといっしょに煮こんだシチュー。

大西洋

チロリ
16世紀にポルトガル人によってもたらされた音楽劇。太鼓や笛を使い，ミステリアスな音が奏でられ，無表情なお面をつけた人々が演劇を行う。

ブイタ
最も人気のあるダンスで，男女でペアになり，腰と腰をぶつけ合ったりして踊る。

開発中の油田
周辺海域で油田が見つかり，ナイジェリアと共同で開発が進められている。

セバスチャンフォート
1575年に築かれたポルトガル式の要塞で，現在は宗教的な美術品や植民地時代の遺物を展示する博物館となっている。

カカオ
アフリカで最初のプランテーション栽培が始まり，今でも主要な輸出品。（サントメ島）

ポルトガル統治時代の邸宅あと
かつてのプランテーション農場主の豪華な邸宅あとが残る。（アグアアイズ）

サントメ
セバスチャンフォート
サントメ山 ▲2024
サンタカタリーナ
サントメ島
アグアアイズ
ピコ・カン・グランデ
ポルトアレグレ
ロラス島 赤道記念碑
赤道

ダイビング
透明度の高い海ではウミガメが人なつっこく寄ってくる。

赤道記念碑
ロラス島は赤道直下にあたり，碑は地面にえがかれた世界地図のサントメ・プリンシペの上に建っている。

0 20 40km

ガボン

Gabonese Republic

IOCコード **GAB** Africa

赤道直下に位置し，国土の80%以上が熱帯雨林におおわれています。周辺海域でとれる石油や天然ガスなどの豊富な資源と，林業が主要産業です。15世紀以降は奴隷と象牙の貿易地として栄え，1960年にフランスから独立しました。その後内戦などはなく，順調に経済発展を続けています。

国旗の説明：緑は豊かな森林を，黄は赤道と太陽を，青は大西洋をあらわし海運国を象徴しています。

サッカー
最もさかんなスポーツで，ヨーロッパ各国に優秀な選手を送り出している。

DATA

ガボン共和国
- 首都：リーブルビル
- 人口：181万人（第146位）
- 面積：26.8万km²（第75位）
- 人口密度：7人/km²（第184位）
- おもな言語：フランス語
- おもな宗教：キリスト教，イスラム教
- 通貨：CFAフラン

フランス語であいさつ

ボンジュール
Bonjour.
こんにちは。

メルシー
Merci.
ありがとう。

リーブルビルの町なみ
近代的な高層ビルが建ち並び，アフリカネイションズカップなどが行われるサッカーの公式スタジアムが象徴的。

ギニア湾

奴隷解放の像
15世紀にポルトガル人がやってきて奴隷貿易を始めた。その悲惨な歴史を忘れぬよう、リーブルビルの海沿いに解放を象徴する像が建っている。

セントルイス大聖堂
やしの木に囲まれ、外観に独特な装飾がほどこされた美しい教会。内部にはたくさんの木彫りの彫刻がある。（ポールジャンティル）

カメルーン →p.52

ニュンブウェ
肉やたまねぎなどを、独特な風味の赤いパーム油にたっぷり入れて煮る代表的な料理。

バトンをつくる人
キャッサバをすりおろし、葉で棒状に巻いてゆでたもの。主食。

赤道ギニア →p.54

ガボンの女性
短い髪にエクステ（つけ毛）をし、編みこんだヘアスタイルなどを楽しんでいる。衣装も伝統的な布を使い、体のラインにぴったりと合った服を着る。

○マコク

🛬 ●リーブルビル

MBOLOショッピングセンター
日用品から食品、ブランド品まで何でもそろうショッピングセンター。地元民と観光客でにぎわう。（リーブルビル）

赤道

🏖️ ビーチ

石油タンカー
ギニア湾の海底から採掘された石油が、ポールジャンティルから輸出され経済を支えている。

○ロペス岬
○ポールジャンティル
○ランバレネ

 オゴウェ川

ロペ国立公園
公園の北部に1万5千年前の氷河期に形成された森が残されている。その景観や生態系を観察できるエコツーリズムが行われている。

∴ ロペ国立公園

○モアンダ　○フランスウィル

アルベルト＝シュバイツァー博物館
シュバイツァー博士が医療活動を行った診療所が残されており、現在は博物館となっている。（ランバレネ）

海を泳ぐカバ
ロアンゴ国立公園ではふつう淡水に生息するカバが海に入ることで有名。

∴ ロアンゴ国立公園

柔道
日本が支援・指導に力を入れており、オリンピックでメダルをねらえる選手が育ちつつある。

○マユンバ

コンゴ共和国 →p.60

バボンゴのブウィティ
南部に暮らす狩猟採集民であるバボンゴ（ピグミー）が成人式や葬儀などのときに行う儀礼で、伝統的な衣装をまとい、全身に装飾をほどこして歌い踊る。

「密林の聖者」シュバイツァー博士

ドイツの裕福な家庭に生まれたシュバイツァーは何不自由なく過ごしていたんだけど、あるとき同じ人間にも格差があることに気がついて、医療とキリスト教の伝道に生きることに決めたんだ。30歳で医学部に入って博士号をとったのち、ガボンに診療所を建てて、90歳で亡くなるまで、無料で人々の治療を続けたんだよ。彼の功績をたたえてノーベル平和賞も授与されているんだ。

大西洋

0　80　160km

コンゴ共和国
Republic of Congo

IOCコード CGO Africa

赤道にまたがり，国土の半分を熱帯雨林がしめます。13〜15世紀にコンゴ王国が栄えましたが，フランス・ポルトガル・ベルギーによって分割され，フランス領であった地域がコンゴ共和国として1960年に独立しました。たび重なる内戦により不安定な政治が続きましたが，現在は落ち着いてきています。

国旗の説明：緑・黄・赤は伝統的なアフリカの色で，緑は豊かな森林資源と希望を，黄は地下資源と誠実さを，赤は国民の熱意をあらわしています。

サッカー
最も人気のあるスポーツで，ナショナルチームは「赤い悪魔」の愛称で親しまれている。

DATA
コンゴ共和国
- 首都：ブラザビル
- 人口：427万人（第122位）
- 面積：34.2万k㎡（第64位）
- 人口密度：13人/k㎡（第179位）
- おもな言語：フランス語，リンガラ語，キトゥバ語
- おもな宗教：キリスト教
- 通貨：CFAフラン

伝説 テレ湖の恐竜！？モケーレ=ムベンベ

ネス湖のネッシーみたいに，テレ湖にもモケーレ=ムベンベがいるらしい！？ 古くから語り伝えられてきた伝説で，胴体はカバと象の間くらい，体長は5〜10mで蛇のような長い首と尾をもっており，恐竜の生き残りではないかといわれているそうだよ。まだ，本当にいるか確かめられていないけど，探検隊が探しているんだって！

サプール
1950〜60年代にパリの紳士服を身につけた「サプール」とよばれるオシャレ集団があらわれ，「世界一，服にお金をかける男たち」として評判になった。現在は，外見だけでなく紳士的な態度や礼儀を身につけ，非暴力，平和をアピールする存在となっている。

コンゴ民主共和国
Democratic Republic of the Congo

アフリカで2番目に広い国で，南部の高原地帯を除いて国土のほぼ全体が熱帯雨林におおわれています。金やダイヤモンドなどの地下資源が豊富ですが，それが要因の一つとなって1960年にベルギーから独立したのち，すぐに内戦が起こり経済は停滞しました。1971年からザイールという国名になり，1997年に現国名となりました。

国旗の説明：水色は平和と希望を，赤い帯は国の統一で流された犠牲者の血を，黄色い帯は国の富を，星は国家と民族の統合，そしてかがやかしい未来をあらわしています。

DATA
コンゴ民主共和国
- 首都：キンシャサ
- 人口：6452万人（第22位）
- 面積：234.5万km²（第11位）
- 人口密度：28人/km²（第152位）
- おもな言語：フランス語，スワヒリ語，ルバ語，コンゴ語，リンガラ語
- おもな宗教：キリスト教，イスラム教，伝統信仰
- 通貨：コンゴ・フラン

お国自慢
信号ロボット

えっ，道の真ん中に人型のロボットが！よく見ると胸や手についている電光板が赤や緑に光っている…。実はこのロボット，ソーラー電池で動いていて信号の役割を果たしているんだって。それだけじゃなく，無理に道を渡ろうとする人を注意したり，道路の状況をみて交通整理をしたり！人口が増え続けているキンシャサで，少しでも交通事故をなくすよう導入されたんだよ。

ムブティ（ピグミー）の人々
イトゥリの森に住む狩猟採集民であるムブティは，国内で最も古い先住民の一つ。女性は植物の採集と料理，男性は狩猟を担当する。男の子は体を白くぬり，草のスカートをはいて，成人となるため森のなかで狩猟などのきびしい訓練を受ける。

エリトリア

State of Eritrea

IOCコード **ERI** Africa

国名は「紅海」を意味し，約1350kmの海岸線と350の島々をもつ国です。高低差の激しい地形と多様な気候から，「2時間で三つの季節が体験できる」といわれます。19世紀にイタリアの植民地となったのち，エチオピアに併合されましたが，30年にわたる独立闘争の末，1993年に独立しました。

国旗の説明：緑は豊かな農業の実りを，青は紅海を，赤は独立闘争で犠牲となった人々を，黄は鉱物資源を意味します。中央のオリーブの枝は，外側の葉が30枚あり，独立闘争の30年をあらわします。

ギゼ・ブン
客をもてなすときに女性が行う伝統的なコーヒーセレモニー。4杯飲むうちの1杯目のときにポップコーンを周囲に投げて，邪気を払うなど，さまざまな作法がある。

DATA

エリトリア国
- 首都：アスマラ
- 人口：439万人（第121位）
- 面積：11.8万km²（第99位）
- 人口密度：37人/km²（第141位）
- おもな言語：ティグリーニャ語，アラビア語，英語
- おもな宗教：キリスト教，イスラム教
- 通貨：ナクファ

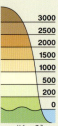

エリトリア鉄道
標高2350mのアスマラから紅海に面したマッサワまで2時間のSL鉄道の旅で三つの季節が体験でき，アフリカで最も美しい車窓をもつといわれる。

紅海

Sports
絶大な人気！ロードレース

自転車のロードレースというと，イタリアやフランスが有名。だけどエリトリアもその人気は負けないよ！山が多い地形を生かしたトレーニングで，身体能力は抜群。日曜にはみんなラジオを片手に実況中継を聞いていて，会場となる街ではコース沿いに人がたくさん集まるんだ。レースの優勝者は国民的な英雄に！世界的に有名なレース，ツールドフランスにアフリカ人として初めて出場したんだって。

ラクダ市場
ラクダは国獣で，物を運んだりタクシー代わりになったりするので，大切にされる。ケレンでは毎週月曜日にラクダ市が開かれ，にぎわう。

ダイビング
紅海では固有の魚やサンゴ礁が見られ，ダイビングスポットとして人気。

○カロラ

サウジアラビア
①アジア

スーダン
→p.6

フィルフィルの森
アフリカ大陸で最も北に位置する熱帯雨林で，多くの種類の鳥が生息している。地元の人々には神聖な場所と信じられている。

○ナクファ

ロードレース
イタリアの植民地時代に導入され，国技といわれるほど人気がある。

ケレン
フィルフィルの森 ∴ マッサワ

マッサワの塩
紅海からの海水で塩をつくっており，いたるところに塩の「ピラミッド」がある。

ダフラク諸島

エリトリア鉄道
✈ アスマラ

ガシュバルカ

バラ
広大な温室で輸出用のバラ栽培が行われている。（アスマラ郊外）

▲3013
ソイラ山
アディケイ

イエメン
①アジア

インジェラとツァビヒィ
高地で栽培されるテフ（穀物）の粉を水で練り，発酵させたのち焼いたインジェラを主食とする。クレープ状のインジェラにさまざまな「ツァビヒィ（煮もの）」をのせて，みんなで分け合って食べる。

伝統的な家
帽子をかぶったような円すい形のわらぶき屋根の家。家畜とともに暮らす。（ガシュバルカ）

ティムカット
古くにシリアからキリスト教が伝えられ，独自のキリスト教が発展してきた。ティムカットは毎年1月19日に各地で行われる，キリストが洗礼を受けたことを祝う祭り。

アッサブ○

エチオピア
→p.70

カトリック大聖堂
1922年に建てられた，れんがづくりの教会。アスマラ市内のどこからでも見えるランドマークとなっている。

聖マリアコプト教会
1913年に建てられたヨーロッパとエリトリアの建築が融合した教会。正面のイタリア人画家がえがいたカラフルな宗教画が目を引く。（アスマラ）

ティグリーニャ語であいさつ

サラム
ሰላም
こんにちは。

イェケヌイェレイェ
የቀንየለይ
ありがとう。

ジブチ
→p.66

0　100　200km

ジブチ

Republic of Djibouti

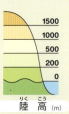

アフリカとアジアを結ぶ重要な位置にある国で，1977年にフランスから独立しました。おもにソマリ系とエチオピア系の人々からなり，独立後も民族対立による内戦が起こりました。世界一気温の高い国といわれるほど過酷な気候のため農産物が育たず，中継貿易がおもな収入源です。

国旗の説明：青は空，緑は大地，白は平和をあらわし，赤い星は独立闘争で流された国民の血を象徴しています。

DATA

ジブチ共和国

- 首都：ジブチ
- 人口：86万人（第157位）
- 面積：2.32万km²（第146位）
- 人口密度：37人/km²（第141位）
- おもな言語：フランス語，アラビア語，ソマリ語，アファル語
- おもな宗教：イスラム教
- 通貨：ジブチ・フラン

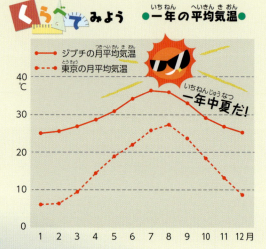

くらべてみよう ●一年の平均気温●

アッサル湖とラクダの塩キャラバン
アッサル湖は人が浮くことで有名な死海より塩分濃度が高く，そこからとれる塩のかたまりは丸い形をしており，ラクダのキャラバンで運ばれる。

ソマリア

Federal Republic of Somalia

大陸の東端に位置し，突き出る形から「アフリカの角」とよばれます。国土のほとんどは砂漠で，国民の多くは遊牧民です。1960年にイタリアとイギリスから独立しましたが，「氏族」どうしの争いが内戦に発展し，多くの難民が出ました。現在は三つの勢力が独立を宣言し，自治国に分かれています。

国旗の説明：水色は独立時に貢献のあった国際連合の旗の色で，中央の星は自由と独立のシンボルとなっており，五つの光はソマリ人が住む五つの地域をあらわします。

DATA

ソマリア連邦共和国

- 首都：モガディシュ
- 人口：1205万人（第72位）
- 面積：63.8万km²（第43位）
- 人口密度：19人/km²（第165位）
- おもな言語：ソマリ語，アラビア語
- おもな宗教：イスラム教
- 通貨：ソマリア・シリング

ココ

政治

三つの国

ソマリ人にとって最も大切なのが「氏族※」。民族は同じでも違う氏族に属していたら敵対することがあるんだ。内戦も氏族による権力争いが影響していて，ソマリア共和国（現ソマリア連邦共和国）から1991年に北部の氏族が「ソマリランド」として独立を宣言し，1998年には別の氏族も「プントランド」として独自の政府をたてたんだ。でも内部の抗争が絶えず，ソマリランドを除いて，今もまだ安定した国づくりができていない状況なんだ。

※血のつながりをもとにした集団。

ソマリランド / プントランド / ソマリア連邦共和国（2012年まではソマリア共和国）

モガディシュの港
インド洋に面した主要な港であるが，内戦の傷あとも残っており廃墟が並ぶ（現在は再建中）。漁業がさかんで，小型の舟でカジキなどを釣って近くの魚市場に運ぶ。

ラースゲール
5000年前にえがかれた家畜の牛などの壁画が残っている洞窟。

イエメン
①アジア

ジブチ
→p.66

アデン湾

カセイル岬

ボーサーソ

プントランド

ベルバラ

ラースゲール

ハルゲイサ

ソマリランド

乳香
樹皮に切れ目を入れると、樹液が透明からミルクのような色に変わることから乳香とよばれる。ソマリランドの重要な輸出品。

ガローウェ

ラクダ市場
ラクダの飼育頭数は世界一といわれており、日々100頭以上が売り買いされている。（ハルゲイサ）

エチオピア
→p.70

ガールカクヨ

バーリス
日本とは異なる細長いぱらぱらとした米が主食で、香辛料などで炊きこんだものが人気。

ソマリ風パスタ
じゃがいもとひき肉を炒めたものをパスタにそえる。南部で昼食によく食べられる。

中央モスク
モガディシュの中心に位置するモスク。一万人以上収容できる。

ベレドウェイネ

シベリ川

無名戦士の墓
1960年の独立時に犠牲となった戦士をまつる塔。（モガディシュ）

モガディシュ
リードビーチ
バールデーレ
マルカ

ソマリア連邦共和国

ジュバ川

ソマリ語であいさつ

ガラブ ワナークサン
Galab wanaagsan.
こんにちは。

マハド サニド
Mahad sanid.
ありがとう。

サッカー
最も人気のあるスポーツ。国外のソマリア難民キャンプには200以上のサッカーチームがあり、日本は外務省を通してボールやユニフォームを提供している。

ケニア
→p.80

赤道

キスマヨ

インド洋

ダーント
結婚式など祝いの席で踊られる伝統的な踊り。

リードビーチ
周囲は廃墟となっているが、砂浜にはゴミ一つ落ちていない美しいビーチで、内戦を感じさせない平和な空気が流れている。

エチオピア
Federal Democratic Republic of Ethiopia

標高の高い高原が国土の半分をしめ，北東から南西にかけて大地溝帯とよばれる巨大な谷がはしっており，自然にあわせてさまざまな民族が生活しています。コーヒーをはじめ農業がさかんです。紀元前10世紀には王国があり，植民地支配も受けなかったことから，アフリカ最古の独立国といわれます。

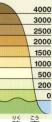

国旗の説明：アフリカ唯一の独立国であったことから，緑・黄・赤の色がほかのアフリカ諸国の独立にあたり国旗に用いられました。中央の青い円は平和を，星は諸民族の統合を意味します。

サッカー
最も人気があるスポーツ。

DATA
エチオピア連邦民主共和国
- 首都：アディスアベバ
- 人口：9220万人（第14位）
- 面積：110.4万km²（第26位）
- 人口密度：83人/km²（第96位）
- おもな言語：アムハラ語，英語
- おもな宗教：キリスト教（エチオピア教会，プロテスタント），イスラム教
- 通貨：ブル

聖ギオルギス教会
第二のエルサレムをめざし，長い年月をかけつくられたラリベラの岩の教会群の一つで，一枚岩を縦・横12mの十字架の形にほり，高さも12mある教会は，神聖な祈りの場として多くの人が訪れる。

Sports
はだしのランナー！アベベ＝ビキラ

1960年のローマオリンピック。マラソン種目に出場するエチオピアのアベベ選手は，くつがこわれてしまったんだって。現地で合うくつがなく，しかたなくはだしで出場…その結果はなんと世界最高記録で金メダルを獲得！同じ年に17のアフリカ諸国が独立したこととともに，歴史に残るできごとだったんだ。次の東京オリンピック（1964年）ではくつをはいてまた優勝！2連覇を達成したんだよ。

スーダン
→p.6

ゴンダールのファジル・ゲビ王宮
ゴンダールは1632～1769年にかけて首都だった町で、なかでもファジル・ゲビ王宮はインドやヨーロッパ建築の影響も受けたといわれる独自の建築様式が特徴的。

ダロール火山
アファール窪地にある火山で、赤茶色や黄緑などカラフルなクレーター状の地形が美しい。

アムハラ語であいさつ
ティナユストリン
ጤና ይስጥልኝ።
こんにちは。

アマサッグナッロ
አመሰግናለሁ።
ありがとう。

青ナイル滝
タナ湖を源流とする青ナイル川にある落差45mの滝。雨季になると幅が400mにもなる。

紅海
アクスム　ダロール火山
シミエン国立公園
▲4533 ラスダシャン山
メケレ
アファール窪地
エリトリア →p.64

ゴンダール
タナ湖
バヒルダル　青ナイル滝
ラリベラの岩の教会群
ジブチ →p.66

コーヒーセレモニー
いれたてのコーヒーを飲みながら語り合う、日本の茶道にも通じる伝統的なおもてなしで、女性は結婚前に作法を習得する。

ゲラダヒヒ
エチオピア高原にだけ生息しており、威嚇や求愛のときに牙をむきだしにする。（シミエン国立公園）

アワシ川
アッベ湖
ジブチ
ディレダワ

ジブチ・エチオピア鉄道
内陸国のエチオピアにとって重要な電気鉄道で、貿易品のほとんどがジブチ港に運ばれる。

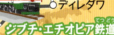
ワット
赤唐辛子のスパイスを入れて煮こんだ激辛シチュー。祝いごとには鶏肉（ドロ）を使ったドロワットが食べられる。

ティヤ
ティヤ村周辺で発見された石碑群で、その模様や彫り方などから当時の風習や文化などを推測できるといわれる。

アディスアベバ
ティヤ
ナザレット

インジェラ
テフという穀物の粉を水でといて発酵させ、クレープ状に焼いたもので酸っぱい。野菜や肉、ワットなどをのせて食べる。主食。

エチオピア高原
カッファ
アワッサ　バレ山国立公園
アバヤ湖

南スーダン →p.72

オモ川下流域
オモ川

豆を乾燥・選別
コーヒー農家
エチオピアはコーヒーの原産地で、コーヒーという言葉は、エチオピア高原南西部の「カッファ」に由来するといわれる。

エチオピアンウルフ
アフリカ唯一のオオカミで、のどと腹部は白く、標高4000m前後の高原に約400頭が生息している。（バレ山国立公園）

陸上競技
マラソンなどの長距離走に強く、夏季オリンピックでのメダル獲得はすべて陸上競技。

トゥルカナ湖
ケニア →p.80
ソマリア →p.68

バンナの男性　バンナの女性
オモ川下流域の人々
オモ川下流域は人類発祥の地といわれ、現在も多くの民族が住んでいる。衣装や習慣、化粧などにそれぞれ特徴がある。
ダサネッチの女性　ムルシの女性

マスカル祭り
イエス・キリストがはりつけられた十字架が発見されたことを祝う祭り。人々は白地の衣装を着て、広場に積み上げた木のまわりに集まり、教会の牧師の説教を聞いたあと、燃やす。

0　200　400km

71

南スーダン

The Republic of South Sudan

IOCコード **SSD**

ナイル川の中流に位置し，北部は砂漠，南部はサバナや熱帯雨林が広がります。1956年にイギリス・エジプトからスーダンとして独立しましたが，南北の間で内戦が起こり，多くの犠牲者が出ました。2011年にスーダンから分離独立しましたが，現在も政治的な衝突が続き，治安が回復していません。

国旗の説明：黒は国民を，赤は自由のために流された血を，緑は豊かな国土を，青はナイル川の水を，黄色い星はキリスト教を象徴しており，二本の白い線は平和をあらわしています。

全国スポーツ大会
たくさんの民族がこの日は首都に集い，サッカーや陸上，バレーボールなどのスポーツを通しても り上がる。国の平和と結束をめざしたイベント。

DATA

南スーダン共和国

- 首都：ジュバ
- 人口：1107万人（第80位）
- 面積：65.9万km²（第40位）
- 人口密度：17人/km²（第168位）
- おもな言語：英語，アラビア語
- おもな宗教：キリスト教
- 通貨：南スーダン・ポンド

アラビア語であいさつ

سلامتك
サラム タキ
こんにちは。

شكرا.
シュクラン
ありがとう。

牛と生きるディンカの人々
ディンカの人々は身長が高く，男性は2mをこえることも珍しくない。巨大な角をもつ牛を大切にし，数百頭の牛やヤギと暮らしている。朝，女性は乳をしぼり，子供たちは牛乳を町へ売りに行き，男たちは牛の放牧に出かける。(ルンベック近郊)

ウガンダ

Republic of Uganda

IOCコード UGA Africa

アフリカ東部に位置する内陸国です。赤道直下ですが標高1100m以上の高地にあるため、気候は温暖で、コーヒーや綿花などの農業がさかんです。白ナイル川の源流となるビクトリア湖など、豊かな自然が広がり、マウンテンゴリラをはじめ希少な動物が生息します。1962年にイギリスから独立しました。

国旗の説明：黒はアフリカの遺産と豊かな国土を、黄はウガンダを象徴するかがやく太陽を、赤はすべての人間に流れる血をあらわし、中央には国鳥のカンムリヅルがえがかれています。

サッカー
ラグビーやバスケットボールをおさえ最も人気のあるスポーツ。サッカーくじも大人気。

DATA
ウガンダ共和国
- 首都：カンパラ
- 人口：3656万人（第37位）
- 面積：24.2万km²（第79位）
- 人口密度：151人/km²（第54位）
- おもな言語：英語，スワヒリ語，ガンダ語
- おもな宗教：キリスト教，イスラム教
- 通貨：ウガンダ・シリング

双子は神聖！
アフリカでは双子が多くて，なかでもウガンダでは神聖だと考えられているんだ！双子には名前が決まっていて，男の子の場合は，兄が「ワスワ」弟が「カトー」。女の子の場合は，姉が「バビリエ」妹が「ナカト」なんだって。それだけではなくて，双子を産んだ両親も尊敬されて，新しく名前がつけられるそうだよ！

ブウィンディ原生国立公園
絶滅危惧種であるマウンテンゴリラ400頭が生息しており，貴重なゴリラの生態を観察できる。ゴリラ保護のため観光客が立ち入りを許されるのは1日36名のみ。

ルワンダ

Republic of Rwanda

IOCコード **RWA** Africa

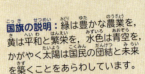

国旗の説明：緑は豊かな農業を、黄は平和と繁栄を、水色は青空を、かがやく太陽は国民の団結と未来を築くことをあらわしています。

大陸の中央に位置し、コーヒーや茶など農業がさかんです。1962年にベルギーから独立しましたが、それ以前から多数派のフツと少数派のツチとの民族対立が絶えず、1990年代前半に起こった内戦では多くの死者が出ました。現在は平和を取り戻し、急速な経済成長から「アフリカの奇跡」とよばれています。

DATA

ルワンダ共和国

- 首都：キガリ
- 人口：1153万人（第74位）
- 面積：2.6万km²（第144位）
- 人口密度：438人/km²（第13位）
- おもな言語：ルワンダ語、フランス語、英語、スワヒリ語
- おもな宗教：キリスト教、イスラム教
- 通貨：ルワンダ・フラン

コンゴ民主共和国 →p.62

お国自慢
美と平和の「ウムガンダ」

毎月最後の土曜日は「ウムガンダ」！これは18〜64歳までの国民全員に参加義務がある「地域への奉仕の日」なんだ。道路やトイレをきれいにしたり、家や学校を建てたり…。地域を美しくたもつことはもちろん、民族をこえていっしょに作業をすることでかかわりあって、平和をたもつことにもつながっているんだって！

キガリの町なみ

ルワンダは「千の丘の国」とよばれるほどの丘陵地で、キガリも丘に面して家や近代的なビルが建ち並ぶ。きれいに掃除されており、「アフリカのシンガポール」と例えられるほどゴミ一つなく美しい。

ブルンジ

Republic of Burundi

IOCコード **BDI** Africa

内陸の高地に位置する小さな国で，比較的すずしい気候です。1962年にベルギーよりブルンジ王国として独立しましたが，ルワンダと同様，多数派のフツと少数派のツチとの民族対立が続き，約10年間内戦状態でした。2003年には和平が成立し，現在は国内平和への道を模索しています。

国旗の説明：赤は独立と革命で流された血を，緑は未来への希望と発展を，白は平和を，中央の三つの星は主要なフツ・ツチ・トゥワの民族を意味し，国家統一への願いをあらわしています。

陸上競技
オリンピックでもメダルを獲得するなど，人気のあるスポーツ。

DATA
ブルンジ共和国
- 首都：ブジュンブラ
- 人口：1121万人（第79位）
- 面積：2.8万km²（第142位）
- 人口密度：402人/km²（第15位）
- おもな言語：ルンディ語，フランス語，スワヒリ語
- おもな宗教：キリスト教
- 通貨：ブルンジ・フラン

ルンディ語であいさつ
- ブガケイェ **Bwakeye.** こんにちは。
- ムラコゼ（二人以上に対して） **Murakoze.** ありがとう。
- ウラコゼ（一人に対して） **Urakoze.** ありがとう。

太鼓のダンス
国旗の色と同様の赤・白・緑の衣装を着て，太鼓をたたきながらアクロバティックな動きをする伝統的なダンス。国の行事や祝いごと，葬儀のときなどに行われ，男性のみが演奏を許されている。

ケニア
Republic of Kenya

IOCコード **KEN** Africa

インド洋に面し、赤道直下に位置していますが、国土の大半が高地であるため、温暖で過ごしやすい気候です。国立公園にはたくさんの動物がおり、伝統的な文化を守り続ける人々がいる一方、首都ナイロビは東アフリカの政治・経済の中心地を担う大都市です。1963年にイギリスから独立しました。

国旗の説明：黒はケニア人のはだの色である"黒"に対するほこりを、赤は独立戦争で流した血を、緑はケニアの大地を、槍と盾からなる中央の紋章は独立を勝ちとったほこりをあらわしています。

マラソン
陸上の中・長距離が強く、とくにマラソンでは1988年のソウルオリンピック以降、各大会でメダルを獲得している。

DATA
ケニア共和国
- 首都：ナイロビ
- 人口：4538万人（第30位）
- 面積：59.2万km²（第46位）
- 人口密度：77人/km²（第101位）
- おもな言語：スワヒリ語，英語
- おもな宗教：キリスト教，イスラム教
- 通貨：ケニア・シリング

日本の約1.5倍！

ココ

JAPAN 空飛ぶバラ！

日本で人気のあるバラ…実はケニアからも届くんだって！ケニアの気候や地形は栽培にぴったりで、約20km²もの農園があるそうだよ。とはいえ、どうやって遠い日本まで運ぶんだろう…？実は、大型の冷蔵庫を空港に設置して冷やしているんだ！日本へもまだ新鮮な状態で届くんだね。

サバンナとナイロビの景観
ナイロビ国立公園はナイロビ都市部からとても近く、高層ビル群を背景にして野生動物の写真が撮れる珍しい場所。

サッカー
最もさかんで，人気のあるスポーツ。テレビ中継もよく行われる。

エチオピア →p.70

南スーダン →p.72

トゥルカナカルチャーフェスティバル
トゥルカナ湖周辺にサンブル・トゥルカナ・ガブラなど10の民族が集まって祭典を行う。民族ごとに伝統衣装を着て踊りを披露する。

サンブル
トゥルカナ
ガブラ

ニャマチョマ
牛肉やヤギ肉などの焼き肉で，人気のある郷土料理。クリスマスや祝いごとには欠かせない。

ウガンダ →p.74

トゥルカナ湖

ロイヤンガラニ

茶畑
茶の生産量は中国についで第2位。香りの良い紅茶として重要な輸出品となっている。(ビクトリア湖周辺)

エルゴン山 4321

ウガリ
とうもろこしの粉を熱湯で練りあげた主食。手でちぎっておかずといっしょに食べる。

ソマリア →p.68

タスカービール
一番人気のビール。タスカーは牙をもつ者という意味で，アフリカゾウをさす。

フラミンゴとバッファロー
ナクル湖には多くの鳥類が集まり，なかでも湖をピンクに染めるフラミンゴが有名。周辺の草原ではバッファローやサイ，キリンなども生息している。

キスム
ナクル
ナクル湖
5199 ▲ キリニャガ(ケニア)山
タナ川

スワヒリ語であいさつ

Hujambo.
こんにちは。

Asante.
ありがとう。

赤道

ビクトリア湖

マサイマラ国立保護区

ナイロビ

タスクス
象牙をイメージした巨大なアーチで，モンバサのシンボル。ケニアの紙幣にもデザインされている。

ラム

ラム旧市街のドア
ラム島の旧市街には，手のこんだイスラム風の木のドアがいたるところで見られる。

ヌーの大群
マサイマラ国立保護区は野生動物の種類が国内で最も多く，とくに100万頭をこえるヌーの大群が移動する光景は圧巻。

アンボセリ国立公園
5895 ▲ キリマンジャロ山

マサイの女性
もともとは遊牧民であったが，現在は都市に定住する人が多い。女性はカラフルな服装をし，ビーズ製の大きな首かざりを身につけている。

モンバサ

クルーズ船
モンバサはかつて奴隷の積み出し港であったが，現在は観光客を乗せた大型クルーズ船が多く来航している。

イ ン ド 洋

タンザニア →p.82

キリマンジャロ山
アフリカ最高峰キリマンジャロ山のふもとのアンボセリ国立公園ではライオン，象，キリンなど多くの動物が生息している。

0 150 300km

81

タンザニア

United Republic of Tanzania

IOCコード **TAN** Africa

国土のほとんどは高原で，壮大な自然と多くの動物，そして独自の文化をもつ人々が共存しています。鉱物資源に恵まれ，コーヒーなど農業もさかんなほか，古くから香辛料の交易地として栄えました。1961年にタンガニーカとしてイギリスから独立し，1964年，ザンジバルと合併してタンザニアとなりました。

国旗の説明：1964年にタンガニーカとザンジバルの二つの国旗を組み合わせて制定されました。緑は大地，黒は国民，青はインド洋，金色は鉱物資源をあらわします。

カンガを着る女性
タンザニアから東アフリカに広まった女性の民族衣装。日常生活ではエプロンのように巻くが，葬式などでは腰に巻き，頭にもかぶる。

DATA
タンザニア連合共和国
首都：ダルエスサラーム（法律上の首都はドドマ）
人口：5014万人（第27位）
面積：94.7万km²（第30位）
人口密度：53人/km²（第123位）
おもな言語：スワヒリ語，英語，アラビア語
おもな宗教：キリスト教，イスラム教
通貨：タンザニア・シリング

スワヒリ語であいさつ

フジャンボ **Hujambo.** こんにちは。
アサンテ **Asante.** ありがとう。

コンゴ民主共和国 →p.62

キリマンジャロ山
標高は5895mとアフリカで最も高く，一年中雪をいだいている。ふもとでキリンや象などの動物が暮らすサバナの光景とは対照的な，神々しい姿が美しい。

ウガンダ →p.74
ケニア →p.80

キリマンジャロコーヒー
キリマンジャロ山ろくで収穫された豆からつくられた、酸味の強いコーヒー。重要な輸出品で、とくに日本で人気がある。

ビクトリア湖の漁業
ビクトリア湖は3か国にまたがるアフリカ最大の湖で、漁獲されるナイルパーチは日本へも輸出される。

マサイの踊り
ケニアからタンザニア北部に住む遊牧民マサイの伝統的なジャンプダンス。男性はみな戦士とされ、棒や槍などの武器をたずさえている。

ネットボール
バスケットボールに似た競技で、女性に人気。

ルワンダ →p.76
ブルンジ →p.78

金鉱山
アフリカでは南アフリカ共和国、ガーナ、マリにつぐ生産国。(ビクトリア湖付近)

ビッグ5
アフリカを代表するライオン、象、サイ、バッファロー、ヒョウは狩猟するのに最も危険な動物と考えられ、ハンターによって「ビッグ・ファイブ」と名づけられた。(ンゴロンゴロ保全地域など)

陸上競技
中・長距離走で優秀なランナーを生み出している。

ストーンタウンとダウ船
ストーンタウンはヨーロッパとアラブの影響を受けた旧市街。ダウ船によるサンセットクルーズが人気。

ザンビア →p.98

ムシカキ
小さくカットした肉の串焼き。

ムチチャとウガリ
とうもろこしの粉を炊いたウガリが主食で、これにムチチャとよばれる野菜炒めをあわせて食べる。

タンザン鉄道 ザンビアの銅をダルエスサラーム港まで運ぶ

ムワカ・コグア
新年の始まりを祝う祭りで、一番もり上がるのはバナナの茎を使っての戦い。(ザンジバル島)

サッカー
一番人気があるスポーツで、いたるところにサッカー場があり、大人も子供も楽しんでいる。

マコンデアート
タンザニア南部からモザンビーク北部に住むマコンデの人々に伝わる木彫りで、動物や人間をかたどったものが人気。

ごま
日本のごま油のごまはタンザニアから多く輸入している。(マサシ)

歴史 — 人類発祥の地！

タンザニアの北部に位置するオルドバイ渓谷。1959年に、ここから約170～180万年前のものと思われる猿人の化石が発見されたんだ！人類は猿人→原人→旧人→新人と進化してきたんだけど、つまりは最初の段階の骨が見つかったことになるね。人類はアフリカ東部が発祥といわれていて、それを証明する重要な史跡なんだって。

マラウイ →p.92
モザンビーク →p.94

マダガスカル

リOCコード MAD Africa

Republic of Madagascar

世界で4番目に大きな島で、高原や乾燥地帯、森など地形は変化に富んでいます。バニラや米などの農業がさかんです。太古の時代より大陸と分かれていたため独特の進化が起こり、ここでしか見られない動植物が多く、観光資源にもなっています。フランスの植民地時代を経て、1960年に独立しました。

国旗の説明：白・赤・緑の三色で、祖国・革命・自由をあらわし、白はマダガスカルの純粋さを、赤は国の主権を、緑は国民の希望を意味しています。

ペタンク
フランス発祥。目標球に近づけるようにボールを投げ合う。国民的スポーツ。

モザンビーク →p.94

DATA

マダガスカル共和国
- 首都：アンタナナリボ
- 人口：2243万人（第55位）　日本の約1.6倍！
- 面積：58.7万km²（第47位）
- 人口密度：38人/km²（第139位）
- おもな言語：マダガスカル語、フランス語
- おもな宗教：キリスト教、伝統的信仰
- 通貨：アリアリ

ココ

マダガスカル語であいさつ

マナウォーナ　Manao ahoana.　こんにちは。
サラーマ　Salama.　こんにちは。
ミソーチャ　Misaotra.　ありがとう。

バオバブ街道
『星の王子様』に登場するバオバブの並木道。牛車を引くのはコブのあるゼブ牛。

動植物

なんで「タビビトノキ」？

葉っぱがきれいに一列にならんでいる！なんでこれが「タビビトノキ」っていうんだろう？実はこの木の茎には水分がたまっていて，その昔旅人が水を飲むために使ったといわれているよ。ほかにもよくめだつから，目印の役割をしたという説もあるみたい。ちなみに実がなって中の種を見ると…真っ青！！なにもかもが驚きの木だね！

コモロ → p.86

ノシベビーチ
「インド洋のタヒチ」といわれる国内最大のビーチ。

アンツィラナナ
レッドツィンギー
ノシベビーチ

バリとシーフード
典型的な食卓にはたくさんのバリ（ご飯）と，少しのおかずが並ぶ。日本以上に米を食べる。

レッドツィンギー
赤い砂岩が浸食されてできた，不思議な針の山。

ヘナキア・プティボワ
ご飯の上に豚とグリーンピースを煮こんだものをかけて食べる。

▲2876 マルムクチュ山

米

○マハジャンガ

アンタナナリボの町なみ
丘の上に教会が建ち，そのうしろにフランスの影響を受けた家が建ち並ぶ。

トゥアマシナ

ファマディハナ
家族や祖先の遺体を墓から取り出して新しい布でつつみ直し，遺体とともに踊るという神聖な儀式。（アンツィラベ）

モザンビーク海峡

アンタナナリボ ✈
ペリネ自然保護区

インド洋

タビビトノキと伝統的な住居
マダガスカル原産の独特な形をした木で，幹は板状にして壁に，大きな葉は屋根に使う。

バオバブ街道
キリンディ
アンツィラベ○

ザフィマニリ

マダガスカル島

フィアナランツア○

ランバ
一枚の布を身に巻きつけて着る伝統的な服装。

アイアイ
猿の仲間で，一生のび続ける歯をもつ。タビビトノキの花の蜜などを食べる。

トマトガエル
まん丸でトマトのように赤いカエル。

ホワイトカエル
真っ白なカエル。

トゥリアラ○

ザフィマニリの村と木彫り
この地域の人々は，伝統的に木彫りの技術にすぐれ，独特な装飾の家や生活道具をつくっている。

ファラファンガナ○

インドリ
鳴き声が特徴的なキツネザルの一種。（ペリネ自然保護区）

オオオナガヤママユ
羽を開くと30cmをこえ，尾の長さは15cmもある大型の蛾。

ベレンティ自然保護区

マダガスカルアオバスク
フクロウとは思えない鳴き声。

ハイイロジェントルキツネザル
竹林に生息し，竹を主食としている猿。鳴き声で仲間と連絡をとる。（ペリネ自然保護区）

アカビタイキツネザル
ほぼ一日中，木の上で過ごすキツネのような顔をした猿。（キリンディ）

ベルテネスミキツネザル
体重30gの世界最小の猿。絶滅危惧種。（キリンディ）

ベローシファカ
横とびで走るので「踊るシファカ」とよばれる大人気の猿。（ベレンティ自然保護区）

ワオキツネザル
白と黒のしま模様の尾をもつ，島で最も有名な猿。（ベレンティ自然保護区）

リーフカメレオン
世界で最も小さいは虫類。北部に生息する。

85

コモロ
Union of Comoros

IOCコード **COM** Africa

インド洋に浮かぶ三つの火山島からなる国で、フランス領マヨット島を含めコモロ諸島に属します。バニラやイランイランなどの商品作物の栽培や漁業がさかんです。1975年にフランスから独立し、武力衝突が発生していましたが、大統領を3島から順番に選ぶ方法をとり、平和がたもたれています。

国旗の説明：三日月と星はイスラム教を、黄は太陽と進歩を、青は海と希望を、赤は独立のために流された血を、四つの星はコモロ諸島の4島をあらわしています。

DATA
コモロ連合
- 首都：モロニ
- 人口：69万人（第161位）
- 面積：0.2万km²（第169位）
- 人口密度：309人/km²（第28位）
- おもな言語：コモロ語、アラビア語、フランス語
- おもな宗教：イスラム教
- 通貨：コモロ・フラン

タンザニア →p.82
モザンビーク →p.94
マダガスカル →p.84
コモロ諸島
フランス領マヨット島
ココ

ジャックフルーツの実
パンノキの一種で、世界最大の果実。甘いので生で食べることが多い。

シーラカンス
3億5千年前の恐竜がいた時代からほぼ変わらず生き続けていると考えられており、「生きた化石」とよばれる。深海魚のため、生きた個体を陸上で見ることはできないが、日本の学術調査隊が1986年水中撮影に成功した。

モロニのグランドモスク
湾には多くの漁船が係留され，白いグランドモスクが目を引く。国民のほとんどがイスラム教徒。

ブニビーチ
ンジャジジャ島で最も美しいビーチといわれており，絶好のダイビングスポット。

バニラ産業
バニラの実を乾燥・発酵させて，中からバニラビーンズを取り出す。主要な商品作物だが，気候に左右されやすい。（ンジャジジャ島）

マルドゥフ
インドのチャパティに影響を受けた薄いパンで，さまざまなソースをつけて食べる。イスラム教のラマダン（断食）明けに食べられることが多い。

コモロ語であいさつ
Bonjour. ボンジュール／こんにちは。
Marahaba. マラハバ／ありがとう。

インド洋

ブニビーチ
ンジャジジャ（グランドコモロ）島
●モロニ
カルタラ山 ▲2361
マレ○

オールドスルタンパレス
10世紀ごろにアラブ人やペルシャ人が移住し，イスラム系の都市が栄えたときの宮殿あとが残っている。（モロニ）

ムツァムドゥの城塞
18世紀後半，海賊から守るために建てられた城塞。

カルタラ山
現在も噴火をくり返しており，頂上では2005～2006年の噴火でできた，深さ100m，周囲4km×3kmのだ円形のカルデラを見ることができる。

ボロボロ市場
新鮮な野菜や魚介類の串焼き，日用品などが売られており，モロニで最もにぎわっている場所。

コモロ諸島

○ムツァムドゥ
○ドモニ
ンズワニ（アンジュアン）島

フォムボニ○
○ウアラミレレニ
ムワリ（モヘリ）島

イランイラン
香水の原料となるイランイランの栽培がさかんで，香水用精油として輸出している。（ンズワニ島）

動植物
太古のロマン，シーラカンス！
6500万年前に絶滅したと考えられていたシーラカンス。1938年に南アフリカ共和国沖で見つかり，世界は大騒ぎ！それから調査が行われ…1952年にはコモロで発見！実はコモロではすでに何回か捕獲されていて，食べてもおいしくないことから「ゴンベッサ（役立たず）」と漁師たちによばれていたそうだよ。でも今では高く買い取ってもらえることからゴンベッサは幸せをよぶという意味に変わったんだって！

結婚の儀式
伝統的な結婚式では，女性はカラフルな衣装を着て顔に泥パックをする。参列者は数日間豪華な食事を取り，踊り続ける。

セーシェル

IOCコード **SEY** Africa

Republic of Seychelles

インド洋に浮かぶ115の島からなる国で、マーエ島にある首都ビクトリアに人口の約90％が住んでいます。「インド洋の真珠」とよばれるほど美しいビーチにたくさんの観光客が訪れるため、観光業が主要産業であるほか、漁業もさかんです。1976年にイギリスから独立しました。

国旗の説明：青は美しい空と海を、黄は太陽の光を、赤は国民の結束を、白は正義と調和を、緑は豊かな自然をあらわし、ななめのデザインは未来に向かっていく新しい国の力を表現しています。

セグロアジサシ
バード島はセグロアジサシの保護区となっており、5～10月には数百万羽が飛来する。

DATA
セーシェル共和国
- 首都：ビクトリア
- 人口：9万人（第183位）
- 面積：457km²（第181位）
- 人口密度：204人/km²（第43位）
- おもな言語：セーシェル・クレオール語，英語，フランス語
- おもな宗教：キリスト教
- 通貨：セーシェル・ルピー

0 200km

バード島　デニス島
右ページの範囲
ビクトリア　マーエ島
アミラント諸島　セーシェル諸島
ココ　　　　　　プラット島
インド洋
アルフォンズ島
コエーティビー島
アルダブラ諸島
アルダブラ環礁
コズモレド島　ファルクハル諸島
コモロ →p.86
マダガスカル →p.84
モーリシャス →p.90

アンス・スース・ダルジャン
たくさんのビーチがあるなかで、とくに人気があるラディーグ島のビーチ。ユニークな岩山と白い砂が美しい。欧米からの観光客が多い。

軽飛行機
島々の長距離の移動や、空からのサンゴ礁めぐりのさいに活躍する。

グラン・アンス
「世界一美しいビーチ」に選ばれたこともある広いビーチ。波が高く、泳ぐことはできない。

「クレオール」って何？

言語や民族で登場する「クレオール」。むかし，ヨーロッパの人々が植民地支配にやってきたとき，そこで生まれた人をクレオールとよんだんだ。だんだんヨーロッパとアフリカの人種や文化がまざっていって，そのうち混血の人や両方の影響を受けた食事や言語，祭りなどの文化を「クレオール」とよぶようになったんだよ。つまりクレオールと一言でいっても同じではなく，国によって独自の「まざった文化」をもっているんだね。

0　10　20km

インド洋

牛車
牛車タクシーでゆっくり島内めぐりが楽しめる。（ラディーグ島）

アリッド島

キュリーズ島

プララン島

フェリシット島

ラディーグ島

グラン・アンス

アンス・スース・ダルジャン

ココダムール
ココナッツからつくられた酒で，おみやげに人気。

ノール島

高速フェリー
島々の移動手段やシュノーケリングなどのさいに活躍する。

シウエット島

ビクトリアマーケット
新鮮な魚介やココナッツ，香辛料などが売られている活気に満ちたマーケット。

シュノーケリング
サンゴ礁のある浅い海が続くため，シュノーケリングでさまざまな熱帯魚を見ることができる。

カリヨコ
ココナッツミルクを使ったクリーミーなカレー。セーシェルではアフリカ料理にヨーロッパや中国，インドなどの要素がまざったクレオール料理が多い。

フレガット島

セントアン島

ビクトリア

オセール島

マーエ島

クロックタワー
首都ビクトリアのランドマークとなっている時計塔。

クレオールのパレード
ビクトリアの国際カーニバルではクレオールの衣装を着た人々が踊り，パレードをくりひろげる。

セーシェル・クレオール語であいさつ

Bonju. （ボンジュ）
こんにちは。

Mèsi. （メシ）
ありがとう。

ココデメール
世界最大（約40cm，約20kg）のお尻の形をしたフタゴヤシの実。プララン島とキュリーズ島だけでとれる。

アルダブラゾウガメ
アルダブラ環礁固有のゾウガメで，キュリーズ島などでも見ることができる。

モーリシャス
Republic of Mauritius

インド洋に浮かぶ島国です。さとうきび栽培のために多数のインド人が送りこまれたため，インド系住民が過半数をしめます。美しいビーチがヨーロッパ人あこがれの高級リゾートとなっているほか，さとうきび栽培や繊維工業にも力を入れています。1968年にイギリスから独立しました。

IOCコード MRI
Africa

国旗の説明：赤は太陽の光またはホウオウボクの赤い花を，青はインド洋を，黄は浜辺の砂を，緑はさとうきび畑をあらわします。

サッカー
最も人気のあるスポーツ。

DATA
モーリシャス共和国
- 首都：ポートルイス（ポートルイ）
- 人口：126万人（第153位）
- 面積：0.2万km²（第170位）
- 人口密度：638人/km²（第8位）
- おもな言語：英語，フランス語，モーリシャス・クレオール語，ボージュプリー語
- おもな宗教：ヒンドゥー教，キリスト教，イスラム教
- 通貨：モーリシャス・ルピー

幻の滝
上空から見ると海中で滝が流れ落ちているように錯覚して見えることから，幻のたきとよばれる。奴隷のかくれ場所となったル・モーン・ブラバン山の沖合に位置する。

セーシェル →p.88
モルディブ ①アジア
ディエゴガルシア島（イギリスの実効支配）
アガレガ諸島
ココ
マダガスカル →p.84
ロドリゲス島
モーリシャス島

モーリシャス・クレオール語 であいさつ

キマニエール
Ki manyer ?
こんにちは。

メルシー
Mersi.
ありがとう。

伝説

伝説の鳥，ドードー！

モーリシャスの国鳥となっているドードー。実は，すでに絶滅してしまったんだ。最後に目撃されたのは1680年代で，頭や足など一部の標本とスケッチしか残っていないから，"大きくて飛べなかった"ということ以外はあまりわかっていないんだって。それでも，文学やゲーム，アニメなどでキャラクターのモデルにされているくらい世界では親しまれているんだよ！

アガレガ諸島

ココナッツ
アガレガ諸島ではココナッツ栽培がさかんでオイルがつくられる。

ロドリゲス島
ポート・マチュリン

はちみつ
はちみつ生産がさかんで，町中でよく売られている。

ダイビング
北・西部にはいくつもの人気ダイビングスポットがある。

プラット島

ロンド島

ダルプリ
黄色いレンズ豆を挽いて練りこんだ無発酵のパン生地に，カレーやチリソースをのせて巻いて食べる。インド風の料理。

マルルー岬

やしの芯のサラダ
やしの芯の部分を使ったサラダ。祝いごとのときなどに食べられる。

ルガイユ
野菜などが入ったトマト煮こみ。アフリカ風の料理。

グランベ

インド洋

ヒンドゥー教寺院
インド系住民が多いため，ヒンドゥー教寺院が建てられている。（ポートルイス）

●ポートルイス

さとうきび畑
島をおおうほどさとうきび畑が広がっており，植民地時代にもちこまれた砂糖生産が今も経済を支える。

イルオセルフ
白砂の美しいビーチで，潮が引くと扇形の砂州が広がる。水上スキーやシュノーケリングなどのマリンスポーツが楽しめる。（セルフ島）

コロニアルスタイルの建物
フランス植民地の影響を受けた建物が点在する。このような家に住むことが国民のあこがれる。

○ボーバッサン・ローズヒル

○バコア・フェニックス

カゼラ・ワールドオブアドベンチャーズ

モーリシャス島

セルフ島

キュールピップ

ライオンと歩く
カゼラ・ワールドオブアドベンチャーズでは，ライオンといっしょに一時間くらいの散歩が楽しめる。

シュッド・ウェスト岬
▲556
ル・モーン・ブラバン山
幻の滝

ラム酒
さとうきびを使ったラム酒づくりがさかんで，シャマレル産は世界的に評価が高い。

○シャマレル

○マエブール

繊維産業
アメリカやヨーロッパなどのブランドの服を生産し，輸出している。

レガッタ
ピローグとよばれる伝統的でカラフルな木製ボートでのセーリング競技。

グリグリ岬

七色の大地
火山の噴火によって吹き出した鉱物が化学反応をおこし，天気の良い日には大地が七色に見える。（シャマレル）

セガ
ヤギの皮でできたタンバリンのような打楽器ラバンでリズムを取りながら，陽気なかけ声とともに踊る。祝いごとやイベントのときに披露される。

0　10　20km

マラウイ

Republic of Malawi

IOCコード **MAW** Africa

国名はチェワ語で「炎の土地」を意味します。1964年にイギリスから独立しました。マラウイ湖が，面積の4分の1をしめます。湖を囲む南部の高原では茶やタバコなど農業がさかんで，北部の平地ではサファリなどが楽しめます。人々は平和を愛する国民性です。

国旗の説明：上部の赤い太陽はマラウイの希望と自由をあらわし，黒は国民を，赤は1915年のヨーロッパ人に対する反乱で流された血を，緑は農地の植物を意味しています。

サッカー
最も人気があり，新聞のスポーツ欄には毎日サッカー情報が掲載される。

DATA
マラウイ共和国
- 首都：リロングウェ
- 人口：1683万人（第65位）
- 面積：11.9万km²（第98位）
- 人口密度：143人/km²（第59位）
- おもな言語：英語，チェワ語
- おもな宗教：キリスト教，イスラム教
- 通貨：マラウイ・クワチャ

日本の約1/3！

チェワ語であいさつ
モニ **Moni.** こんにちは。
ジコモ **Zikomo.** ありがとう。

マラウイ湖の夕暮れ
アフリカで3番目に大きい湖で，固有の魚などの生物が多数生息しており，世界遺産に登録されている。夕日が湖面をオレンジに染める光景が美しい。

ウサギとカメのお話

日本では，なまけもののウサギがカメに競走で負けるっていうお話があるよね！でもマラウイではちょっと違っているんだ。台の上にのった食べ物を，ウサギは食べられるんだけど，カメは届かない…それを見てもウサギはゆずらなかったんだって。だからウサギになってはいけないと，子供のころから教えられるそうだよ。「分け合う」ことを大事にしているんだね。

タンザニア →p.82

ダイビング
世界で最も安くライセンスが取れるといわれており人気。口の中で稚魚を育てる魚など珍しい魚に数多く出会える。

ニイカ国立公園
シマウマなど草食動物が多く，観光客には動物観察や美しい景色が人気。

ネットボール
女性向けに改良されたバスケットボールで近年急速に広まり，世界有数の強豪国となった。

チャンボ（ティラピア）
マラウイ湖でとれる魚。から揚げにしたり，野菜と煮たりして食べる。

メイズ（とうもろこし）
マラウイの主食「シマ」は白い方が良いとされ，その材料となるメイズも白いものが好まれる。

シマと野菜と豆の煮もの
シマはメイズの粉を練ったもので餅に近く，手でちぎって，煮ものや揚げものといっしょに食べる。

モザンビーク →p.94

タバコ
重要な輸出作物で国内のいたるところで栽培している。

ザンビア →p.98

チョンゴニの岩絵群
約1万年前に狩猟採集民によってえがかれた動物の岩絵と，その後住みついたチェワの人々による農業をえがいた岩絵が残る。

デッザ焼き
デッザは焼きもので有名な町。シンプルなデザインが特徴。

聖ミカエル及諸天使教会
ブランタイアにはイギリス植民地時代の建物が多く残っており，この教会は1885年に建てられた。

リウォンデ国立公園
カバ，象，水鳥など多くの野生動物が生息している。車，ボート，ウォーキングサファリなどが楽しめる。

グレワムクル
チェワの人々に伝わる仮面舞踊。収穫祭や結婚式，葬式などのときに，木とわらでできた仮面をつけて，死者の魂を表現する。

ムランジェ山とチョロの茶畑
国内最高峰のムランジェ山は岩がむきだしており，ロッククライミングが楽しめる。ふもとのチョロには特産物の茶畑が広がる。

地名：ムズズ、マラウイ湖、ニイカ国立公園、マラウイの飛地、リロングウェ、チョンゴニの岩絵群、デッザ、モンキーベイ、リウォンデ国立公園、ゾンバ、ブランタイア、ムランジェ山 3002、チョロ、シーレ川

モザンビーク
Republic of Mozambique

インド洋に面して南北に長い国土をもち，美しい海と島が観光地として人気です。15世紀にバスコ＝ダ＝ガマがモザンビーク島に到達して以降，ポルトガル人が進出し，のちに現在のマプトを首都として支配しました。1975年に独立したのち，内戦が起こりましたが，現在は経済が急成長しています。

国旗の説明：赤は植民地闘争を，緑は農作物を，黒はアフリカ大陸を，黄は鉱物資源を，白は自由をあらわし，星と銃と鍬と本はそれぞれ国民の連帯，独立への苦悩，農業と農民，教育を意味します。

サッカー
最も人気のあるスポーツ。

DATA
モザンビーク共和国
- 首都：マプト
- 人口：2642万人（第48位）
- 面積：79.9万km²（第34位）
- 人口密度：33人/km²（第146位）
- おもな言語：ポルトガル語
- おもな宗教：キリスト教，イスラム教
- 通貨：メティカル

日本の約2倍！

ココ

JAPAN 日本初の黒人武士!?

1580年ごろ，イタリア人宣教師が織田信長に謁見したときに，黒人の奴隷を献上したんだって。初めて黒人を見た信長は，はだを黒くぬっているものと思って体を洗わせたんだけど，より黒くかがやいたんだ！信長はこの黒人を気に入り「弥助」と名づけて，奴隷ではなく，家臣に取り立てたそうだよ。この弥助は現在のモザンビーク出身といわれているんだって！

バザルト島の高級リゾート
国内一の高級リゾート。美しい海を見ながらのんびりとした時間を楽しむ観光客に人気。VIPサービスとして，伝統的な歌とダンスで出迎えてくれる。

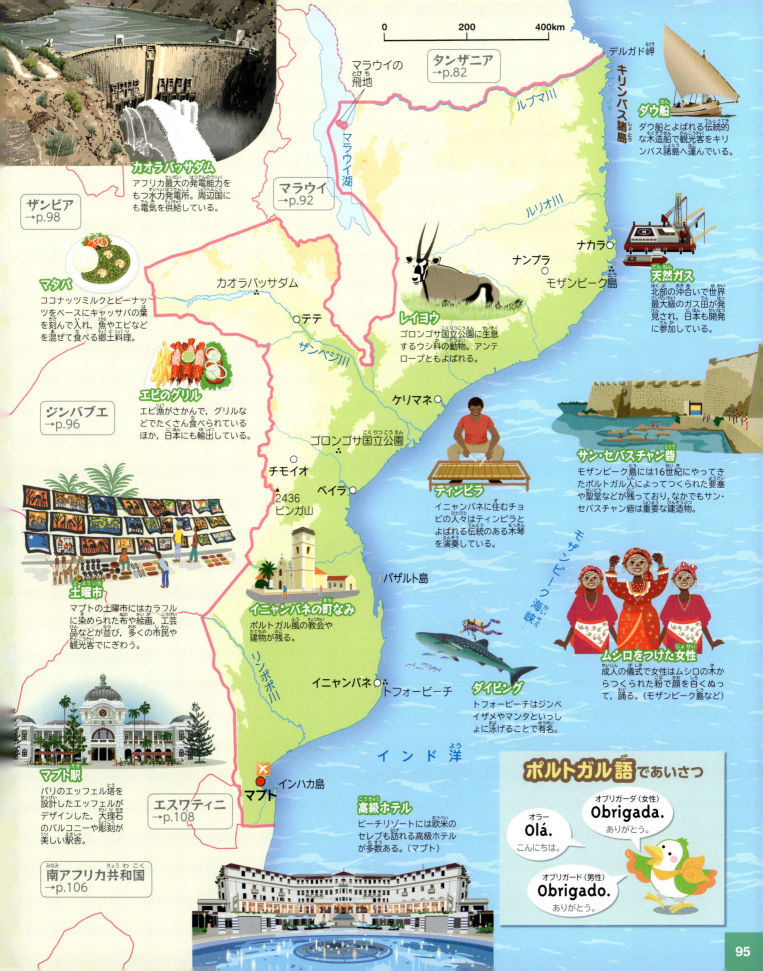

ジンバブエ

IOCコード **ZIM** Africa

Republic of Zimbabwe

国名は「石の家」という意味で、標高が高く、温暖で過ごしやすい気候です。巨大石造遺跡グレートジンバブエをはじめ、ビクトリア滝などの観光業に力を入れています。13～15世紀にジンバブエ王国が繁栄したのち、イギリスに支配され、1980年に黒人を中心としたジンバブエとして独立しました。

国旗の説明：緑は農業、黄は天然資源、赤は独立戦争で流された血、黒は国民、白は平和をあらわします。左の紋章はグレートジンバブエで発見された鳥の形の石像で、国のシンボルです。

サッカー
国内に二つのリーグがある。女子サッカーもさかん。

クリケット
イギリスの植民地時代の影響で、サッカーにつぐ人気。

DATA
ジンバブエ共和国
- 首都：ハラレ
- 人口：1424万人（第71位）
- 面積：39万km²（第60位）
- 人口密度：36人/km²（第143位）
- おもな言語：英語、ショナ語、ンデベレ語
- おもな宗教：キリスト教
- 通貨：米ドル、ランド（南アフリカ共和国）

ショナ語であいさつ
- マスカティ **Masikati.** こんにちは。
- タテンダ **Tatenda.** ありがとう。

ナミビア →p.102

ビクトリア滝
ザンビアとの国境に位置し、ナイアガラ、イグアスと並んで世界三大瀑布の一つ。最大落差108m、幅1708mと壮大で、水煙は150mにもおよび、雷のようになりひびく。

マナプールズ国立公園
乾季には象・カバ・ワニなどが集まってくる。とくにカヌーでのサファリが人気。

ムベンデ(ジェルサレマ)の踊り
太鼓や拍子木のリズムにのって、女性と男性が一体となりアクロバティックに踊る。ムベンデを宣教師が禁止したので人々はジェルサレマと名を変えて踊り続けた。(ムレワ)

マナプールズ国立公園

ザンビア →p.98

ササプレート
とうもろこしの粉を湯で練ったザザが主食で、肉のシチューや野菜炒めなどといっしょに食べる。

カリバ湖

イーストゲートモール
シロアリがつくるアリ塚の構造を取り入れて、人工的な設備にたよらず自然に換気と冷房が行われる商業施設。(ハラレ)

○ムレワ

●ハラレ

ザンベジ川
ビクトリア滝

イニャンガニ山 2595▲

シャンガニ川

コンビ
主要な交通手段であるミニバスで、その多くは日本の中古車のため、幼稚園や運送会社など施設の名前が書かれたまま使われている。

プラチナ鉱山
プラチナは白金とよばれ装飾品などに使われる白い光沢をもつ金属。世界有数の埋蔵量・生産量をほこる。

ムタレ○

ボツワナ →p.104

木工品
象、キリン、鳥など動物の木製の置物が人気。

○グウェル

ブラワーヨ○
マトボの丘群

グレートジンバブエ

伝統音楽
ムビラ(鍵盤楽器)やオショ(マラカス)は伝統的な儀式のときに演奏される。子供は学校で習う。

マトボの丘群
20億年以上も前に形成された。岩の重なる奇妙な景色と3万点をこえる岩絵群からなる。

ワワ
とうもろこしでつくったビール。

モザンビーク →p.94

リンポポ川

南アフリカ共和国 →p.106

値段が高い!?ハイパーインフレ!
えっ、紙幣1枚が20兆ジンバブエドル!? 2000年以降、経済政策が失敗してお金の価値が下がり、物も不足してしまって、日本円で1個100円のリンゴが1年で230億円くらいに！有効期限が書かれた紙幣も発行されたけど、今ではすべて廃止されて米ドルが使われているよ。買い物のおつりがお菓子のときもあるんだって！

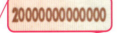

0 100 200km

グレートジンバブエ
ショナの人々がつくった王国のあと地にある大規模な石造遺跡。国名の由来でありコインのデザインにも使われている。

ザンビア

Republic of Zambia

IOCコード **ZAM** Africa

八つの国に囲まれた内陸国で，大部分が高原のため，温暖で過ごしやすい気候です。国名の由来となっているザンベジ川の中流には巨大なビクトリア滝があります。地下資源が豊富で，なかでも銅の生産量は世界有数です。1964年10月24日にイギリスから独立しました。

国旗の説明：緑は豊かな自然と農業を，羽を広げた国鳥の鷲は自由と前進を，赤の線は独立闘争で流された血を，黒はザンビア国民を，オレンジは銅とその他の鉱物をあらわしています。

サッカー
国技といえるほど国中で人気がある。

DATA

ザンビア共和国

- 首都：ルサカ
- 人口：1593万人（第68位）
- 面積：75.2万km²（第38位）
- 人口密度：21人/km²（第160位）
- おもな言語：英語，ベンバ語，ニャンジャ語，トンガ語，ロジ語
- おもな宗教：キリスト教
- 通貨：ザンビア・クワチャ

歴史 国名が変わった！奇跡のオリンピック

1964年に開かれた東京オリンピック。無事に閉会式を迎え，各国選手団が整列して入場…と思いきや！なんだかお祭り騒ぎで入ってくる一団が。実は10月24日のこの日，まさにザンビアがイギリスから独立を果たしたんだ！開会式では「北ローデシア」として入場し，閉会式では「ザンビア」のプレートをかけて登場した，歴史的なオリンピックとなったんだね。

クオンボカ祭り
モング周辺に暮らす民族ロジの王様（リトンガ）が，雨季用の宮殿から乾季用の宮殿に引っ越しをする祭り。王様のシンボルである象の模型のついた船に日用品を積み，手こぎで移動する。

アンゴラ

IOCコード **ANG** Africa

Republic of Angola

国土は山岳地帯が広がり雨量も多いため、南部アフリカを流れる数々の川をつくりだします。16世紀からポルトガルに植民地支配され、1975年に独立しましたが、その後27年も内戦が続いたため、国土が荒廃しました。現在は石油やダイヤモンドなどの資源に恵まれ、めざましい経済発展を続けています。

国旗の説明：赤は植民地支配や戦争で流された血を、黒はアフリカ大陸を意味しています。中央には労働者をあらわす歯車と、農民をあらわす刀、そして国の豊かさをあらわす星がえがかれています。

バスケットボール
アフリカ選手権で何度も優勝をほこる屈指の強豪国。

DATA

アンゴラ共和国
- 首都：ルアンダ
- 人口：2578万人（第50位）
- 面積：124.7万km²（第22位）
- 人口密度：21人/km²（第160位）
- おもな言語：ポルトガル語、多数の民族語
- おもな宗教：キリスト教
- 通貨：クワンザ

お国自慢　どんどん成長する経済！

近年、アンゴラの首都ルアンダの物価は世界一高いとするデータもあるんだ！内戦後に石油が採掘されるようになったからなんだって。それとともに給料もあがっているから、かつてはポルトガルの植民地だったアンゴラに、今ではポルトガルからたくさんの人々が出稼ぎにくるほどなんだ。一方で、この物価で苦しむ国民もいて、貧富の差が問題になっているんだよ。

首都ルアンダの町なみ
1575年にポルトガルによって建設された港町で、当時多くのアンゴラ人が奴隷としてアメリカ大陸に送られた。現在は500万人をこえる人々が暮らす大都市で、近代的なビルが建ち並ぶ。

ナミビア

Republic of Namibia

NAM Africa

ナミブは現地の言葉で「何もない土地」という意味をもち、海岸部にはナミブ砂漠が、内陸部には乾燥地が広がります。鉱物資源が豊富で、漁業もさかんです。ドイツの植民地であった影響が町なみや文化などに色濃く残っています。その後、南アフリカに支配されましたが、1990年に独立しました。

国旗の説明：青は海・空・雨の恵みを、赤は独立のために流された血を、緑は植物と農業を、白は平和と統一を、太陽は生きる喜びと鉱物資源を、12の光は12のおもな民族の協調をあらわしています。

サッカー
ラグビーとともに子供に人気のスポーツ。

DATA

ナミビア共和国

- 首都：ウィントフック
- 人口：232万人（第139位）
- 面積：82.4万km²（第33位）
- 人口密度：3人/km²（第192位）
- おもな言語：英語, アフリカーンス語, ドイツ語, オバンボ語
- おもな宗教：キリスト教
- 通貨：ナミビア・ドル

ココ

オバンボ語であいさつ

ムワウハラポ
Mwauhalapo.
こんにちは。

オンダパンデュラ
Ondapandula.
ありがとう。

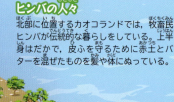

ヒンバの人々
北部に位置するカオコランドでは、牧畜民ヒンバが伝統的な暮らしをしている。上半身はだかで、皮ふを守るために赤土とバターを混ぜたものを髪や体にぬっている。

ラグビー
ラグビー人気はとても高く、ワールドカップにも出場している。

エトーシャ国立公園
総面積2.2万km²というアフリカ屈指の広さをもち、レイヨウやシマウマ、多くの鳥類が生息している。

ビールとブレボス
ドイツの影響でビール産業がさかんなうえ、ブレボスといったソーセージなどもよく食べられる。

アンゴラ →p.100

ザンビア →p.98

カオコランド

ルンドゥ

∴エトーシャ国立公園

トゥウェイフルフォンテーン
古代サン人（ブッシュマン）によって彫られた岩絵には、おもに動物がえがかれている。

ツメーブ

トゥウェイフルフォンテーン

ウィントフックの町なみ
ドイツ植民地時代の影響が建物などにみられる。

スピッツコッペ
ナミビアのマッターホルンといわれ、尖った山はロッククライマーに人気がある。

ケープクロス

スピッツコッペ ▲1728

ミナミアフリカオットセイ
ケープクロス沿岸は水温が低く海洋生物の宝庫で、20万頭ものオットセイがみられる。

スワコプムント

ウォルビスベイ

ウィントフック

ボツワナ →p.104

大西洋

フラミンゴ
ウォルビスベイの入り江にはフラミンゴやペリカンが群れている。

オシフィマ
とうもろこしの粉を湯で練ったもので、主食。肉や野菜といっしょに食べる。

カラハリ砂漠

イセエビ祭り
1月に港町リュデリッツでイセエビの豊漁を祝って開催される。

ナミブ砂漠

リュデリッツ

ダイヤモンド
95％が海から採掘され、海洋ダイヤモンドとして高値で売られる。

お国自慢
世界一美しい星空！
ナミブ砂漠では、乾燥した気候と人工的な光がまったくない環境から、息をのむほど美しい星空が見られるんだ！その美しさから「星空保護区」に指定されていて、なかでも最高の金賞をもらっているんだよ！これは地球上で3か所しかないんだ。砂漠に寝ころんで天体観測してみたいね。

ナミブ砂漠
世界最古の砂漠と考えられており、南北に1300km続く。乾燥に適応した動植物が生息する。

オレンジ川

南アフリカ共和国 →p.106

ヘレロの女性
ヨーロッパ中世の貴婦人のような民族衣装を身につけユニークな帽子をかぶっている。（カオコランド）

0 200 400km

ボツワナ

Republic of Botswana

IOCコード **BOT** Africa

国土のほとんどが高地で，南部はカラハリ砂漠，北部はサバナが広がります。大きい塩湖や内陸湿地があり，変化に富んだ自然環境に多様な動物が生息しています。牧畜と鉱業がさかんで，なかでもダイヤモンドの産出量は世界有数です。イギリスに植民地支配され，1966年に独立しました。

国旗の説明：水色は，乾燥地帯にあるボツワナにとって最も重要な恵みの雨と水を意味しています。黒と白のしま模様は人種をこえて協力し，平等な社会を築くという決意をあらわしています。

サッカー
南アフリカ共和国でワールドカップが行われて以降，サッカー熱が高まっている。

DATA
ボツワナ共和国
- 首都：ハボローネ
- 人口：223万人（第140位）
- 面積：58.2万km²（第48位）
- 人口密度：4人/km²（第188位）
- おもな言語：英語，ツワナ語
- おもな宗教：キリスト教
- 通貨：プラ

ココ

復活したサンの絵画

紀元前より，アフリカ南部に住み続けているサン（ブッシュマン）の人々は，カラハリ砂漠で動物の狩猟や植物の採集をして暮らし，岩壁に動物などの絵をかいていたんだ。でも近年は定住化が進んだため，仕事の一つとしてキャンバスと絵の具を使った「サン・アート」をつくることに。彼らが見たままのアフリカをえがきだすダイナミックな絵画が，世界各地で注目されるようになったんだよ。

写真提供：国立民族学博物館

オカバンゴ湿地
世界一大きな内陸の三角州で，雨量によって面積が変わる。モコロという木をくりぬいた舟に乗って，葦がしげり，睡蓮の咲く水路を散策することができる。

ツォディロ
狩猟採集民であるサンがえがいた4500以上の岩絵があり、「砂漠のルーブル博物館」ともよばれている。

アンゴラ
→p.100

チョベ国立公園
約12万頭の象が生息し、レイヨウやライオン、ヒョウなどの肉食獣もいる。チョベ川から動物を観察できるボートサファリが人気。

ザンビア
→p.98

カサネ

チョベ川
チョベ国立公園

オカバンゴ川

ツォディロ

マカディカディ塩湖
世界最大の塩湖の一つ。塩湖のなかの島ではバオバブが自生しており、別の惑星に来たかのような風景が楽しめる。

陸上
サッカーにつぐ人気。短・中距離で強い選手を輩出している。

オカバンゴ湿地

マウン

マカディカディ塩湖

フランシスタウン

ハット
水と土と牛糞を混ぜて壁にぬりこんだ伝統的な家。村でよく見られる。

ナミビア
→p.102

ジンバブエ
→p.96

ブラウンハイエナ
カラハリ砂漠周辺のみに生息する希少種。

カラハリ砂漠

ジュワネング鉱山
国内最大のダイヤモンド鉱山。ボツワナは世界第2位の産出量をほこり、加工品を含めおもな輸出品となっている。

ミーアキャット
アフリカ南部の乾燥地帯に生息する。おもにサソリなどを食べる。

リンポポ川

ハボローネの町なみ
ダイヤモンドの輸出で経済成長が進み、近代的なビルが建ち並ぶ。アフリカで最も成長のいちじるしい都市の一つ。

ジュワネング鉱山
モレポロレ
ハボローネ

ボツワナバスケット
やしなど自然の素材を使い、ていねいに手編みされた工芸品で、おもに北西部に住む女性たちによってつくられる。

セスワ
セスワは羊などの肉を鉄鍋で煮て、大きな木製のスプーンでほぐしたもの。とうもろこしの粉を炊いたパップや野菜といっしょに食べる。

伝統的なダンス
足首につけたかざりはステップをふむと鳴るため、パーカッションの役割がある。結婚式や祭りなどで踊られる。

南アフリカ共和国
→p.106

ツワナ語であいさつ

ドゥメラ
Dumela.
こんにちは。

ケアレボハ（丁寧に）
Ke a leboga.
ありがとう。

タンキー（友人に）
Tanki.
ありがとう。

0 150 300km

105

南アフリカ共和国
Republic of South Africa

アフリカ最南端に位置し，国土の多くは高原で，ダイヤモンドや金など地下資源が豊富なアフリカーの経済大国です。植民地時代に，白人による有色人種への差別（アパルトヘイト）が始まり，1990年初頭まで続きました。1994年に初の全人種による総選挙が行われ，民主化されました。今でも経済的な格差の問題は残っています。

国旗の説明：「Y」の文字を横にしたようなデザインは，別々の流れが一つになって流れるようすをあらわし，さまざまな民族がまとまり，一つの国をつくりあげるイメージを表現しています。

DATA
南アフリカ共和国
- 首都：プレトリア
- 人口：5590万人（第24位）
- 面積：122万km²（第24位）
- 人口密度：46人/km²（第130位）
- おもな言語：英語
- おもな宗教：キリスト教，ヒンドゥー教，イスラム教
- 通貨：ランド

歴史
人種の平等をめざしたマンデラ

1948年から行われていた人種隔離政策「アパルトヘイト」。白人と有色人種はそれぞれ別の学校に行かなければならず，異なる人種どうしの結婚も禁止されていたんだ。そんななか，人種差別の撤廃を訴えたのがネルソン＝マンデラ！禁止されていた政治活動を行ったことから，ロベン島などの刑務所に27年間収容されてしまったんだけど，1990年に解放されるまで，たたかい続けたんだよ。アパルトヘイト撤廃後は大統領になったんだ！

テーブルマウンテンをのぞむケープタウン
テーブルマウンテンは標高1086mで，頂上がテーブルのような形になっていることから名づけられた。ケープタウンは歴史的にオランダ船の基地であったため，今でもヨーロッパ風の町なみが残る。

英語であいさつ

- Hello. こんにちは。
- Thank you. ありがとう。

パップ
とうもろこしの粉を湯で練ったもので、アフリカ系国民の主食。

ポイキコース
三本足の鉄鍋を火にかけ、肉や野菜などを入れて長時間煮こむ料理。代表的な家庭料理。

サンランド・バオバブ
世界一大きなバオバブで、幹の太さは47mもあり、囲むには50〜60人も必要なほど。高さは22mで、樹齢6000年。

ジンバブエ →p.96

モザンビーク →p.94

サッカー
国内で最も人気のあるスポーツで、ワールドカップの開催地となった。

ブライ
ブライは現地語でバーベキューを意味し、牛や豚肉などをみんなで焼く。

ンデベレビレッジ
ンデベレの人々は幾何学模様の民族衣装やカラフルなビーズのアクセサリー、そして首や腕、足元にはたくさんのリングを身につけている。

リンポポ川

サンランド・バオバブ

ラグビー
国技であり、ワールドカップで優勝するなど、世界トップクラスの実力。

とうもろこし
アフリカ最大の生産量をほこり、パップなどの材料になる。

ボツワナ →p.104

鉱山
プラチナやマンガン、金、ダイヤモンドなどの産出量は世界有数。

プレトリア
ヨハネスブルグ
ソウェト
ンデベレビレッジ

エスワティニ →p.108

シティホール
ネルソン＝マンデラが27年間の獄中生活から解放されたときに、演説を行った場所。（ケープタウン）

ナミビア →p.102

オレンジ川

ドラケンスバーグ少年合唱団
1967年に設立され、歌やパフォーマンスを学びたい子供たちを人種や国籍に関係なく受け入れてきた。

バール川

キンバリー

ブルームフォンテーン

レソト →p.110

ドラケンスバーグ少年合唱学校

ワイン
ケープタウン近郊にはブドウ畑が広がり、上質なワインが生産される。

ダーバン

ブルートレイン
ケープタウンとプレトリア間の1600kmを1泊2日で結ぶ。世界一豪華な寝台列車の一つ。

ドラケンスバーグ山脈

ズールーの手工芸品
ズールーの女性は、伝統的なビーズ細工などの工芸品をつくり、国内外から人気。

ルイボスティー
クランウィリアム一帯にのみ自生するハーブティーで、美容や健康に良いとされる。

大西洋

クランウィリアム

ロベン島
ドイカー島
ケープタウン
喜望峰　ハーマナス
ボルダーズビーチ

喜望峰
1488年にポルトガル人によって発見された。インド航路発見に希望を与えた岬だとして、ポルトガル国王が名づけた。

ジェフリーズベイ
ポートエリザベス

ホエールウォッチング
6〜11月にミナミセミクジラがやってきて、ハーマナスでは陸上からも見ることができる。

サーフィン
ジェフリーズベイは世界最高の波がくる場所の一つとしてサーファーたちを魅了する。

インド洋

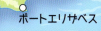

ケープペンギン
ケープタウンのボルダーズビーチにはアフリカ大陸で唯一ペンギンが生息している。

ミナミアフリカオットセイ
ドイカー島に生息しており、くつろぐ姿が観察できる。

0　200　400km

107

エスワティニ（スワジランド）

Kingdom of Eswatini

小さな内陸国で、豊かな土地が広がり農業がさかんです。主要民族であるスワティの王国で、1968年にイギリスから独立する以前から現在まで、王による伝統的な統治が続いています。三方を囲む南アフリカ共和国と経済的なつながりが強く、出稼ぎに行く人も多くいます。2018年スワジランドから国名を変更しました。

国旗の説明：青は空と平和を、黄は鉱物資源を、赤は自由のための闘争を、中央には戦士の盾・槍と、国王の権威を示す杖がえがかれ、侵害する敵に対して戦う強い意志をあらわしています。

DATA

エスワティニ王国
- 首都：ムババーネ
- 人口：113万人（第155位）
- 面積：1.7万km²（第153位）
- 人口密度：65人/km²（第116位）
- おもな言語：スワティ語，英語
- おもな宗教：キリスト教
- 通貨：リランゲニ

四国より少しふさい！

ボツワナ／モザンビーク／ココ／南アフリカ共和国／レソト

政治 — 伝統的な王国

2018年，王様が突然「エスワティニ王国」に国名を変更！英語風の「スワジランド」ではなく，スワティ語で「スワティの土地」を意味するエスワティニにしたんだって。この国では王様がルールをつくっていて，25歳以下の結婚を禁止したと思ったら王様自身が17歳の女性と結婚したのでルールを変えたりと思うがまま！国民から民主化を求める声があがっているけど，王様の権力は絶対なんだね。

リードダンス
スワティの未婚女性が王母へ葦をささげ，王家への忠誠と女性どうしの連帯を深める伝統的な祭り。何万人もの女性がロバンバに集まり，それぞれの民族衣装を身につけ葦を持って歌いながら行進する。葦はのちに宮殿の修復などに使われる。

レソト

Kingdom of Lesotho

IOCコード LES Africa

周囲を南アフリカ共和国1国に囲まれ、山脈のなかに位置しており、国王を中心に民主的な政治が行われていることから「天空の王国」とよばれます。アフリカでは珍しく民族はソトのみで、イギリスの保護領となったのち、1966年に独立しました。地形を生かした観光や水力発電に力を入れています。

国旗の説明：青は空と雨を、白は平和を、緑は恵み豊かな国土と繁栄をあらわし、中央には王国の民族ソトのほこりをあらわす帽子「バソトハット」が象徴としてえがかれています。

サッカー
国民に最も人気のあるスポーツ。

DATA

レソト王国

- 首都：マセル
- 人口：193万人（第144位）
- 面積：3.04万㎢（第137位）
- 人口密度：64人/㎢（第118位）
- おもな言語：ソト語、英語
- おもな宗教：キリスト教
- 通貨：ロティ

マレツニャーネ滝
192mの落差がある直下型の滝。山や渓流がつくりだす広大な自然を馬に乗りながらめぐることができる。地方では多くの人が伝統的なバソトハットをかぶり、「バソトブランケット」というカラフルな毛布を巻いている。

クイロアネ山
バソトハットのモデルになったといわれる山。

コメ洞窟
19世紀につくられた住居で、牛の糞と粘土でできた洞窟では伝統的な生活様式が今でも引きつがれている。

タバボシウ文化村
歴史や生活文化などが再現されており、宿泊することもできる。

スキー
レソトは世界で唯一、国全体の標高が1400mをこえる国で、アフリカで珍しくスキーができる。

アフリスキーマウンテンリゾート

レツェング ダイヤモンド鉱山

ダイヤモンド鉱山
年間70万カラットが採取され、原石のまま輸出する。910カラットの原石が見つかったこともある。

カツェダム
アフリカで2番目の大きさをほこるダム。マスを養殖しており、日本へも輸出される。

パッパ
とうもろこしの粉をお湯に入れて練り、マッシュポテトのような状態にしたもの。主食。

マルチビール
国内で製造されており、賞味期限は3か月しかないため、輸出されることはない。

○ テヤテヤネング

クイロアネ山 ∴
∴ コメ洞窟
マセル ●
∴ タバボシウ文化村

モホケア川

○ モリジャ

農業と放牧
国民の約半数が農業や、羊や牛の放牧にたずさわっている。

アイスラット
レソトや南アフリカ共和国の高山に生息するねずみ。

○ セモンコン
マレツニャーネ滝

タバナ・ヌトレニャナ山 ▲ 3482

オックステイルシチュー
牛の尾や野菜を煮こんだもので、ステーキのような味わい。パッパにつけて食べる。

タペストリー
手編みのモヘアで、生活風景などをえがいたタペストリーが代表的な工芸品。

オレンジ川
ドラケンスバーグ山脈

地方の伝統的住居
壁は日干しれんがや岩を粘土で固めてつくり、床は土間の上にシートを敷く。屋根はかやぶきで尖っている。電気や水道などがないところも多い。

ンドゥラモダンス
男性による伝統的なダンスで、結婚式などの祝いごとには欠かせない。

民間学校の卒業式
民間学校では公立校とは異なり、伝統的な教育を行っている。卒業式では赤いブランケットをまとい、顔を赤くぬる。

南アフリカ共和国 → p.106

衣食住

駐車場じゃなくて駐馬場!?

レソトは国中が山で、平地が少ないんだ!首都マセルなどの町では日本と同様に車が走っているんだけど、ひとたび地方の村に入ると交通機関で一番便利なのが馬やロバ。セモンコン村の市場の駐車場には車はあまりなく、乗るための馬や荷物を運ぶためのロバがつながれているんだって!

ソト語であいさつ

キャレボハ **Kea leboha.** ありがとう。

ドゥメラ **Lumela.** こんにちは。

DOORのカギ

DOORの内容をより深く理解するためのページです。

🗝 アフリカの独立国

- 1870～1900年の間に、ヨーロッパの国々はアフリカ大陸のほとんどを分割し、植民地としました。支配する側の国を宗主国といいます。
- 宗主国は植民地から資源をとったり、人々を労働力として鉱山や農地の開発に動員したりしました。
- 1957年にガーナが独立すると、植民地独立の動きが大きくなり、1960年には一挙に17の国が独立し、「アフリカの年」とよばれました。
- 現在は54の独立国があります。

国旗に注目！

① フランスが支配していた国の国旗は、フランス国旗🇫🇷のような3色のデザインが多いんだね。

② 植民地から独立した国々は、唯一植民地支配されなかったエチオピアの国旗の色である赤・黄・緑を国旗に使っていることが多いんだ！この3色を「アフリカ色」とよぶこともあるよ。

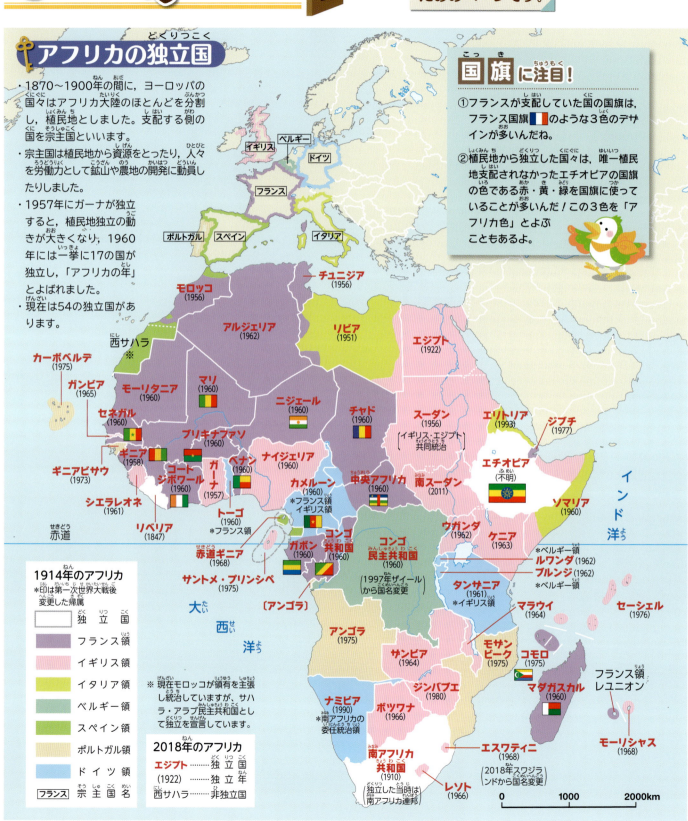

アフリカの自然

- アフリカ大陸には低地が少なく、ほとんどが台地や高原です。
- 中央に赤道が通り、そこを軸に南北で対称的に気候が分布しています。

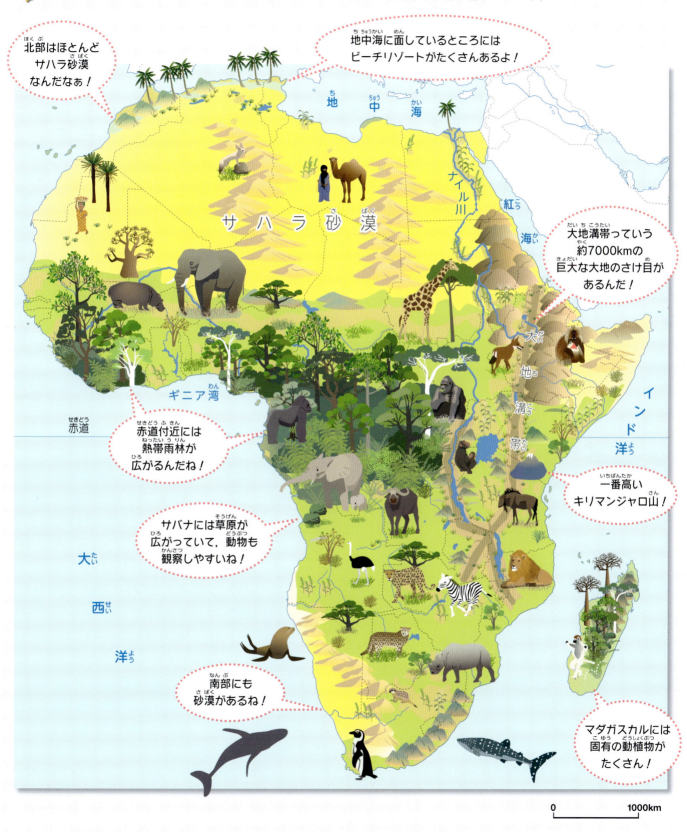

特集 おもな世界自然遺産！

※ユネスコの正式登録名とは異なる場合があります。

ヨーロッパ

❶ ジャイアンツ・コーズウェイ（イギリス）
自然がつくりだしたとは思えない石柱群は、「巨人の石道」とよばれています。

❷ ユングフラウとアレッチ氷河（スイス）
山と氷河がおりなす美しい山岳景観は多くの文学や美術などに影響を与えました。

❸ ビャウォビエジャの森（ポーランド）
ヨーロッパ最後の原生林。バイソンなど希少な動植物が生息しています。

アジア

❹ 九寨溝（中国）
原生林のなかに大小100以上の湖があり、季節や時間によってさまざまな色になります。

❺ ソコトラ島（イエメン）
独自の進化をとげた動植物が生息し、なかでも真っ赤な樹液がでる竜血樹が有名です。

アフリカ

❻ バンダルギン国立公園（モーリタニア）
浅い海が広がり、海洋生物が豊富で約700万羽の渡り鳥が訪れます。

❼ ナミブ砂漠（ナミビア）
川から海に流れ出た砂が強風によって陸地に押し戻され、美しい砂漠の景観をつくっています。

❽ キリマンジャロ国立公園（タンザニア）
アフリカ最高峰の山と周囲に広がるサバナでの動物たちの姿が雄大な光景を生み出しています。

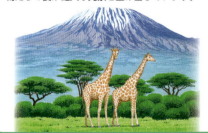

- 世界遺産は，未来に引き継ぐべきかけがえのない人類共通の遺産としてユネスコによって認定されます。
- 文化遺産・自然遺産・複合遺産の3種類に分けられます。
- 自然遺産は珍しい地形や地質，希少な生態系・動植物などを評価して決められます。

北アメリカ

⑨グランドキャニオン国立公園（アメリカ合衆国）

コロラド川の流れが何十億年もかけてつくりだした壮大な渓谷です。

⑩ココ島国立公園（コスタリカ）

熱帯雨林におおわれた絶海の孤島で，希少な動植物が生息しています。

南アメリカ

⑪パンタナール保全地域（ブラジル）

世界最大の湿地帯で，多様な植物と動物が共存しており，独特な生態系をもっています。

⑫ロスグラシアレス国立公園（アルゼンチン）

大地が巨大な氷河におおわれており，なかでもモレノ氷河は今でも成長を続ける珍しい氷河です。

オセアニア

⑬マウントクック（ニュージーランド）

ニュージーランド最高峰で，40％が氷河におおわれており，トレッキングも楽しめます。

⑭フェニックス諸島（キリバス）

世界最大の海洋保護区で，手つかずの自然が残り，多様な生態系が保たれています。

さくいん

国名(IOCコード) ………… ページ
*地域名

❸アフリカ以外の国と地域は❶❷❹❺で扱っています！

❸ アフリカ

国名	ページ
アルジェリア(ALG)	p.12
アンゴラ(ANG)	p.100
ウガンダ(UGA)	p.74
エジプト(EGY)	p.4
エスワティニ(SWZ)	p.108
エチオピア(ETH)	p.70
エリトリア(ERI)	p.64
ガーナ(GHA)	p.30
カーボベルデ(CPV)	p.46
ガボン(GAB)	p.58
カメルーン(CMR)	p.52
ガンビア(GAM)	p.44
ギニア(GUI)	p.38
ギニアビサウ(GBS)	p.40
ケニア(KEN)	p.80
コートジボワール(CIV)	p.32
コモロ(COM)	p.86
コンゴ共和国(CGO)	p.60
コンゴ民主共和国(COD)	p.62
サントメ・プリンシペ(STP)	p.56
ザンビア(ZAM)	p.98
シエラレオネ(SLE)	p.36
ジブチ(DJI)	p.66
ジンバブエ(ZIM)	p.96
スーダン(SUD)	p.6
赤道ギニア(GEQ)	p.54
セーシェル(SEY)	p.88
セネガル(SEN)	p.42
ソマリア(SOM)	p.68
タンザニア(TAN)	p.82
チャド(CHA)	p.48
中央アフリカ(CAF)	p.50
チュニジア(TUN)	p.10
トーゴ(TOG)	p.28
ナイジェリア(NGR)	p.24
ナミビア(NAM)	p.102
ニジェール(NIG)	p.22
ブルキナファソ(BUR)	p.20
ブルンジ(BDI)	p.78
ベナン(BEN)	p.26
ボツワナ(BOT)	p.104
マダガスカル(MAD)	p.84
マラウイ(MAW)	p.92
マリ(MLI)	p.18
南アフリカ共和国(RSA)	p.106
南スーダン(SSD)	p.72
モザンビーク(MOZ)	p.94
モーリシャス(MRI)	p.90
モーリタニア(MTN)	p.16
モロッコ(MAR)	p.14
リビア(LBA)	p.8
リベリア(LBR)	p.34
ルワンダ(RWA)	p.76
レソト(LES)	p.110

❶ アジア

- アゼルバイジャン(AZE)
- アフガニスタン(AFG)
- アラブ首長国連邦(UAE)
- アルメニア(ARM)
- イエメン(YEM)
- イスラエル(ISR)
- イラク(IRQ)
- イラン(IRI)
- インド(IND)
- インドネシア(INA)
- ウズベキスタン(UZB)
- オマーン(OMA)
- カザフスタン(KAZ)
- カタール(QAT)
- 韓国(KOR)
- カンボジア(CAM)
- 北朝鮮(PRK)
- キプロス(CYP)
- キルギス(KGZ)
- クウェート(KUW)
- サウジアラビア(KSA)
- ジョージア(GEO)
- シリア(SYR)
- シンガポール(SIN)
- スリランカ(SRI)
- タイ(THA)
- 台湾(TPE)*
- タジキスタン(TJK)
- 中国(CHN)
- トルクメニスタン(TKM)
- トルコ(TUR)
- 日本(JPN)
- ネパール(NEP)
- パキスタン(PAK)
- パレスチナ(PLE)*
- バーレーン(BRN)
- バングラデシュ(BAN)
- 東ティモール(TLS)
- フィリピン(PHI)
- ブータン(BHU)
- ブルネイ(BRU)
- ベトナム(VIE)
- 香港(HKG)*
- マレーシア(MAS)
- ミャンマー(MYA)
- モルディブ(MDV)
- モンゴル(MGL)
- ヨルダン(JOR)
- ラオス(LAO)
- レバノン(LIB)

❷ ヨーロッパ

アイスランド(ISL)
アイルランド(IRL)
アルバニア(ALB)
アンドラ(AND)
イギリス(GBR)
イタリア(ITA)
ウクライナ(UKR)
エストニア(EST)
オーストリア(AUT)
オランダ(NED)
ギリシャ(GRE)
クロアチア(CRO)
コソボ(KOS)
サンマリノ(SMR)
スイス(SUI)
スウェーデン(SWE)
スペイン(ESP)
スロバキア(SVK)
スロベニア(SLO)
セルビア(SRB)
チェコ(CZE)
デンマーク(DEN)
ドイツ(GER)
ノルウェー(NOR)
バチカン市国
ハンガリー(HUN)
フィンランド(FIN)
フランス(FRA)
ブルガリア(BUL)
ベラルーシ(BLR)
ベルギー(BEL)
ボスニア・ヘルツェゴビナ(BIH)
ポーランド(POL)
ポルトガル(POR)
マケドニア(MKD)
マルタ(MLT)
モナコ(MON)
モルドバ(MDA)
モンテネグロ(MNE)
ラトビア(LAT)
リトアニア(LTU)
リヒテンシュタイン(LIE)
ルクセンブルク(LUX)
ルーマニア(ROU)
ロシア(RUS)

❹ 北アメリカ

アメリカ合衆国(USA)
アメリカ合衆国領バージン諸島(ISV)＊
アルバ(ARU)＊
アンティグア・バーブーダ(ANT)
イギリス領バージン諸島(IVB)＊
エルサルバドル(ESA)
カナダ(CAN)
キューバ(CUB)
グアテマラ(GUA)
グレナダ(GRN)
ケーマン諸島(CAY)＊
コスタリカ(CRC)
ジャマイカ(JAM)
セントクリストファー・ネービス(SKN)
セントビンセント及び
　グレナディーン諸島(VCT)
セントルシア(LCA)
ドミニカ(DMA)
ドミニカ共和国(DOM)
トリニダード・トバゴ(TTO)
ニカラグア(NCA)
ハイチ(HAI)
パナマ(PAN)
バハマ(BAH)
バミューダ諸島(BER)＊
バルバドス(BAR)
プエルトリコ(PUR)＊
ベリーズ(BIZ)
ホンジュラス(HON)
メキシコ(MEX)

❺ 南アメリカ・オセアニア

アメリカ合衆国領サモア(ASA)＊
アルゼンチン(ARG)
ウルグアイ(URU)
エクアドル(ECU)
オーストラリア(AUS)
ガイアナ(GUY)
キリバス(KIR)
グアム(GUM)＊
クック諸島(COK)
コロンビア(COL)
サモア(SAM)
スリナム(SUR)
ソロモン諸島(SOL)
チリ(CHI)
ツバル(TUV)
トンガ(TGA)
ナウル(NRU)
ニウエ
ニュージーランド(NZL)
バヌアツ(VAN)
パプアニューギニア(PNG)
パラオ(PLW)
パラグアイ(PAR)
フィジー(FIJ)
ブラジル(BRA)
ベネズエラ(VEN)
ペルー(PER)
ボリビア(BOL)
マーシャル諸島(MHL)
ミクロネシア連邦(FSM)

監　　修	中村和郎（駒澤大学名誉教授） 次山信男（東京学芸大学名誉教授） 滝沢由美子（元文部科学省主任教科書調査官，元帝京大学教授）
編 集 制 作	国際理解地図帳プロジェクトチーム（地図情報センター・帝国書院），平凡社地図出版，プロスト
イラスト作成	池田蔵人，いわにしまゆみ，infographics 4REAL，オオウラシオリ，大野フミヨ，川崎優子，川添むつみ，黒澤達矢，小宮山印刷，たかえみちこ，たかなかな，竹村東代子（toyokotake），田中美華，TICTOC，辻野淳晴，蔦澤あや子，新村印刷，増田庄一郎，安田俊博
内 容 協 力， 写真・資料提供	大山修一（京都大学准教授），伊藤千尋（広島女学院大学専任講師） アルジェリア民主共和国大使館，駐日アンゴラ共和国大使館，エジプト・アラブ共和国大使館，エチオピア連邦民主共和国大使館，駐日エリトリア国大使館，駐日ガーナ共和国大使館，在名古屋ガンビア共和国名誉領事館，駐日コンゴ共和国大使館，在日ザンビア共和国大使館，ジブティ共和国大使館，タンザニア連合共和国大使館，在日チュニジア共和国大使館，トーゴ共和国大使館，ナイジェリア大使館，駐日ナミビア共和国大使館，在東京ニジェール共和国名誉領事館，駐日ブルキナファソ大使館，ベナン共和国大使館，ボツワナ共和国大使館，マラウイ共和国大使館，駐日マリ共和国大使館，南アフリカ共和国大使館，在日モーリタニア・イスラム共和国大使館，モロッコ王国大使館，駐日リビア大使館，リベリア共和国大使館，駐日ルワンダ共和国大使館，レソト王国大使館 Thierry Pellegrin，Togy Urbain，青池歌子，朝田郁，浅田静香，有井晴香，池邊智基，市野進一郎，井上満衣，金森謙輔，桐越仁美，神代ちひろ，近藤有希子，園田浩司，高村伸吾，殿内海人，原将也，三宅栄里花，村津蘭，村橋勲 PIXTA，PPS通信社，株式会社道祖神，株式会社ファイブスタークラブ
参 考 文 献	CIA World Factbookウェブサイト，Statesman's Yearbook2017，Time Almanac，外務省ウェブサイト（世界の国情報），世界年鑑2017，世界遺産年報1018（講談社MOOK），大使館提供情報，「協力隊のためのルガンダ語フレーズ集」（JICA），「ソマリ語」（『世界のことば小事典』大修館書店），『チェワ語辞典　統合改訂2版』（日本マラウイ協会），「日本とアフリカ」（外務省パンフレット，2017年），『ニューエクスプレス　アムハラ語』，『ニューエクスプレス　エジプトアラビア語』（白水社），『ハウサ語基礎文法』，『ヨルバ語入門』（大阪大学出版会）

DOOR ドア ―208の国と地域がわかる国際理解地図―
③アフリカ

2018年10月15日　第1刷発行
2019年 9月30日　第2刷発行

発行所　一般財団法人　地図情報センター
　　　　〒101-0051　東京都千代田区神田神保町2-5　神保町センタービル5F
　　　　電話 03(3262)1486　　FAX 03(3234)0872
　　　　URL　http://chizujoho.jpn.org/
発売所　株式会社　帝国書院
　　　　代表者　鈴木啓之
　　　　〒101-0051　東京都千代田区神田神保町3-29
　　　　電話 03(3262)0830　　帝国書院販売部
　　　　振替口座　00180-7-67014
　　　　URL　http://www.teikokushoin.co.jp/
印刷所　小宮山印刷株式会社

©地図情報センター2018　Printed in Japan
ISBN：978-4-8071-6399-1
本書掲載の内容の無断複写および転載を禁じます。
乱丁・落丁がありましたら，お取り替えいたします。

DOOR 全5巻（各2,800円+税）
①アジア（50の国と地域）　②ヨーロッパ（45か国）
④北アメリカ（29の国と地域）　⑤南アメリカ・オセアニア（30の国と地域）